Henri, l'Italie et moi

De la même auteure

Si c'était à refaire..., Éditions Publistar, 2005

Danielle Ouimet
Henri, l'Italie et moi

Une compagnie de Quebecor Media

Catalogage avant publication de Bibliothèque et Archives nationales du Québec et Bibliothèque et Archives Canada

Ouimet, Danielle, 1947-

    Henri, l'Italie et moi
    ISBN 978-2-89562-240-6
    1. Ouimet, Danielle, 1947-   - Voyages - Italie. 2. Italie - Descriptions et voyages. I. Titre.

DG430.2.O94 2010   914.504'93C2010-940322-3

Édition : Johanne Guay
Révision linguistique : Andrée Laganière, Carole Mills
Correction d'épreuves : Emmanuel Dalmenesche
Couverture : Chantal Boyer, Marike Paradis
Grille graphique intérieure : Axel Pérez de León
Mise en pages : Hamid Aittouares
Photo de l'auteure : collection personnelle

Remerciements
Les Éditions Publistar reconnaissent l'aide financière du gouvernement du Canada par l'entremise du Programme d'aide au développement de l'industrie de l'édition (PADIÉ) pour leurs activités d'édition. Nous remercions le Conseil des Arts du Canada et la Société de développement des entreprises culturelles du Québec (SODEC) du soutien accordé à notre programme de publication. Gouvernement du Québec – Programme de crédit d'impôt pour l'édition de livres – gestion SODEC.

Tous droits de traduction et d'adaptation réservés ; toute reproduction d'un extrait quelconque de ce livre par quelque procédé que ce soit, et notamment par photocopie ou microfilm, est strictement interdite sans l'autorisation écrite de l'éditeur.

© Les Éditions Publistar, 2010

Les Éditions Publistar
Groupe Librex inc.
Une compagnie de Quebecor Media
La Tourelle
1055, boul. René-Lévesque Est
Bureau 800
Montréal (Québec) H2L 4S5
Tél. : 514 849-5259
Téléc. : 514 849-1388
www.edpublistar.com

Dépôt légal – Bibliothèque et Archives nationales du Québec et Bibliothèque et Archives Canada, 2010

ISBN 978-2-89562-240-6

Distribution au Canada
Messageries ADP
2315, rue de la Province
Longueuil (Québec) J4G 1G4
Tél. : 450 640-1234
Sans frais : 1 800 771-3022
www.messageries-adp.com

Diffusion hors Canada
Interforum
Immeuble Paryseine
3, allée de la Seine
F-94854 Ivry-sur-Seine Cedex
Tél. : 33 (0)1 49 59 10 10
www.interforum.fr

Et sur chaque minute de notre histoire,
comme une chanson toujours fredonnée
parce que toujours aimée,
planent les ailes du souvenir.

À Henri, mon merveilleux ami
« Tu fais tourner de ton nom,
tous les moulins de mon cœur. »
Les Moulins de mon cœur (Frida Boccara, Michel Legrand)

Pour Andrée Laganière
À ma fée des mots et du verbe,
mon double émotif,
ma patience sur deux pattes,
ma plume supputative.
Sans toi, je n'écrirais pas.
Rien de moins !

Prologue

Je ne détiens pas la vérité. Fort heureusement car, s'il en était ainsi, la vie sans les mystères de la découverte m'apparaîtrait bien triste. Mais j'ai des idées bien à moi, issues d'une vie hors du commun et d'un apprentissage qui m'a permis de faire miennes toutes ses leçons. J'ai aussi des idées qui me tiennent passablement occupée, car même si ça ne se remarque pas trop, je les remets sans cesse en question au fur et à mesure qu'une année s'ajoute à mon âge. Ce voyage que vous entreprendrez, en faisant tout d'abord craquer la jaquette de mon livre, vous permettra de me découvrir sous un angle sans doute insoupçonné. Ce sera le plus impudique de mes écrits, celui qui se rapproche le plus de mes carnets personnels. Bénéficiaire dès la trentaine de deux psychothérapies, j'ai troqué les kilomètres de Kleenex, aussitôt mouillés de larmes, que me tendaient les psys dans leurs salons feutrés, contre de larges pages blanches sur lesquelles, en mode solo, a pris forme une écriture d'une rigoureuse honnêteté. Ça donne ce que ça donne : le reflet d'une femme heureuse, vous verrez !

Le départ

> « Partir quelque part pour partir
> Pas pour fuir
> Ni changer
> Pas pour s'en aller »
> *Le soleil emmène au soleil* (Jean-Pierre Ferland)

« Danielle, ma blonde ne peut pas m'accompagner en Italie. Toi, ça ne te tenterait pas ? »

Henri avait été mon amant plusieurs années auparavant, trente-deux ans plus tôt pour être exacte. Pas pour très longtemps, mais assez pour que je continue pendant un bon moment de me reprocher le mal que je lui avais fait en le quittant. À l'époque, j'étais tombée follement amoureuse d'un Amérindien. Je l'avais avoué à Henri illico. Faut pas. Les hommes, du moins ceux qui comptent dans notre vie, ont besoin comme nous de certaines formes de ménagement. Ils risquent d'avoir, sur le coup, une réaction à vous faire croire que vous êtes assurément un monstre hors norme, ce qui déclenchera évidemment un sentiment de culpabilité qui pourrait durer longtemps. Pour tout vous dire, j'y pense encore. Tandis que l'homme, une fois passé le moment de stupéfaction initiale, oubliera jusqu'à votre nom devant la prochaine paire de fesses invitante et consentante. J'exagère à peine. Toujours est-il que j'aime beaucoup Henri. Et quand une femme dit « beaucoup », c'est que le sexe n'est plus de la partie. Mais, se rappellera-t-il encore de ce détail quand nous nous retrouverons dans les villes les plus sensuelles du monde, dans la même chambre, voire dans le même lit? Je ne suis plus « son genre », la « poupoune » de trente ans ayant systématiquement et largement oblitéré les souvenirs de notre jeunesse. Au fond, pour me flatter moi-même, je pourrais toujours prétendre que cette invitation soudaine est reliée au souvenir, que je voudrais impérissable, même s'il fut court, des moments passés en ma compagnie quand j'avais moi-même près de trente ans. Il sera déçu. J'en ai presque soixante. Mais à bien y penser: c'est deux fois trente! J'ironise bien sûr! Il n'est pas le seul pour qui la jeunesse est le plus puissant des aphrodisiaques. Henri m'invite donc à voyager avec lui et ça me fait tout drôle, car le court moment que nous avons vécu ensemble, même s'il a été tendre, s'est terminé de bien triste façon. Cela aurait pu amèrement nous désunir, mais ce ne fut pas le cas.

Je me revois encore, le jour de notre séparation, alors qu'il revenait tout heureux d'un séjour en Angleterre. Il ne se doutait de rien et surtout pas de la façon brutale dont allait s'effectuer la rupture. C'était son tout premier voyage à l'étranger, un peu grâce à moi qui lui avais si souvent vanté les plaisirs de la découverte. Ses parents étaient venus l'accueillir et je le savais passablement allumé à l'idée de donner, après le départ de ceux-ci, libre cours au « plaisir des retrouvailles ». Inconfortable et peu fière du coup que j'allais lui assener, je n'osais quitter le balcon – où il venait à peine de déposer ses valises –, question de ne pas trop m'éloigner de ma voiture. Pas de chance à prendre, il me fallait éluder tout argument de sa part pouvant mettre en doute mon nouveau choix : j'allais le quitter ! J'étais parée pour l'évasion et je devais faciliter ma fuite, après avoir conclu cette scission au plus vite. Au fond, il existe peu de façons élégantes de se séparer quand une troisième personne est en cause, et pas plus que les autres je n'avais le mode d'emploi de la rupture idéale.

Je n'avais pourtant rien à reprocher à Henri. Il est d'autant plus difficile de rompre quand on n'a pas de raisons majeures de le faire, hormis celles du cœur et de ses choix bizarres. J'étais tombée amoureuse d'un autre homme de qui je ne savais rien encore, et ce simple fait aurait dû me rendre plus lucide quant aux risques de tout quitter pour l'incertitude d'un amour nouveau. De son côté, Henri avait tous les atouts pour lesquels une mère élève bien sa fille : professionnel stable puisqu'il était dentiste, grosse maison, grosse voiture, gros bateau...

Allez savoir ce qu'un cœur abordant la trentaine veut réellement. Avec l'âge, je me rends bien compte que l'éducation reçue de mes parents et la façon dont je désirais m'affirmer face à leur autorité et à leurs valeurs ont sans doute joué un rôle déterminant dans mes décisions. Rebelle je voulais être et rebelle je serais ! J'avais étudié sur les bancs de collèges laïques et baigné dans une ambiance artistique, plutôt que dans celle d'un enseignement rigide. Ce n'était pas l'esprit de discipline et de rectitude d'un dentiste qui allait m'émouvoir. Il manquait un peu de folie à Henri et je sentais qu'il s'attendait à ce que ce soit moi qui lui en apporte. Mais sans doute avais-je mal évalué l'homme, car Henri allait s'avérer tout à fait capable d'extravagance. Cependant, à l'époque, l'amoureux qu'il était n'aurait jamais osé trahir cet aspect de lui-même, de peur de me décevoir et de me voir le délaisser. Quant à l'image qu'avaient mes parents du bon gars qui faisait un si beau parti, j'étais rébarbative à l'idée de les suivre sur ce sentier déjà tout tracé pour moi, sachant fort bien qu'un tel choix de ma part n'aurait eu d'autre but que d'éviter de les décevoir. C'était écrit dans le ciel qu'Henri ne ferait pas le poids : il était trop conforme à ce qu'on voulait que je sois... une fille bien « matchée ».

Une fois de plus, ma mère allait être bien déçue. Un autre à ranger dans le casier des « elle aurait donc dû » des amours de sa fille !

Et, aujourd'hui, c'est quand même lui qui m'invite à le suivre.

« J'ai pensé à toi parce que tu ne travailles pas l'été et que je ne connais personne qui aime voyager autant que toi. Personne qui, à dix jours d'avis, puisse se permettre de tout quitter pour prendre deux semaines de vacances et partir sur un *nowhere* sans préparatifs et sans avoir à calculer chacune de ses dépenses. Je t'offre le billet d'avion de ma blonde, première classe aller-retour, et la location d'une voiture décapotable déjà réservée en Italie. Nourriture et gîte, c'est tout ce que tu auras à débourser. »

J'ai dit oui tout de suite. J'ai bien eu une pensée furtive pour cette « blonde » qui devait se demander comment on se comporterait tous les deux, une fois à l'étranger. Connaissant les femmes comme je les connais, mais ignorant cependant ses sentiments à elle, j'ai préféré me dire que ça ne me regardait pas. Au pire pour lui, elle le rendrait cocu par dépit. Au mieux pour elle, il la couvrirait au retour de cadeaux luxueux avec étiquettes italiennes à faire rêver, comme dans un épisode de *Sex and the City*. Fin de mon introspection.

Mais rien ne m'avait préparée à ce qui allait être l'un des plus beaux voyages de ma vie : un voyage sans contraintes amoureuses – avec l'âge, c'est un détail appréciable – qui me permettrait enfin de devenir l'amie attentive que j'avais toujours voulu être pour lui. Nous partions à la découverte de l'un des pays les plus intimement tricotés à nos origines latines, et moi à la découverte de mon ami retrouvé à une période difficile de sa vie. Car Henri, depuis quelques mois, vivait avec la possibilité de mourir, possibilité qu'il sublimait intensément en provoquant ce départ. Vivre voulait dire ne plus jamais laisser sommeiller ses rêves car, deux ans auparavant, on lui avait diagnostiqué un cancer des ganglions.

« On va m'irradier dans le cou. Je risque de devenir paralysé du côté droit, je ne pourrai plus travailler. Je risque de perdre toutes mes glandes salivaires, la parole, l'ouïe, la vue même. Au pire, ma jugulaire se desséchera et c'est le traitement qui me tuera, plus que le cancer. »

Cent fois, mille fois l'avais-je exhorté de cesser de fumer. Rien à faire. Et puis voilà, la salope de maladie avait gagné.

« Mais enfin, Henri, il y a sûrement quelque chose à faire !

— J'ai tout essayé. J'ai consulté partout. Il y a bien un traitement, un seul qui me donnerait une chance : l'irradiation nucléaire. Mais la liste d'attente est longue et on m'affirme que je ne peux plus attendre, c'est une question de semaines. »

Je ne me souviens plus trop comment on s'y est pris mais, avec l'aide de ses contacts, des miens, et de la chance aussi – une immense chance –, on l'a rappelé pour lui dire qu'il pourrait avoir une place quasiment dans l'heure. Il l'a prise. Il allait mieux maintenant. Beaucoup mieux.

Je partais donc avec un demi-vivant, c'est du moins ce que je croyais. La Florence Nightingale se réveillait en moi ! J'allais être l'amie, la nounou, la nurse, la guide, la confidente... En deux mots : « LA FEMME » dans la vie de cet homme dont j'avais massacré le cœur plus de trente ans auparavant. Il avait vite oublié. Moi pas...

Au jour du grand départ, je « les » retrouve à l'aéroport. « Les » étant celle qui a rejeté une si belle occasion de voyage du revers de la main et mon cupidon tout enamouré qui tient la main de sa « blonde » dans la sienne comme un enfant celle de sa mère à son premier jour d'école. Il ne veut pas la quitter... et que je t'embrasse dans le cou, que tu vas donc me manquer... tu es certaine que tu ne peux pas venir plus tard remplacer Danielle ? Tiens donc, je sais quand je pars mais j'apprends aussi que je pourrais peut-être revenir plus tôt que prévu ! Alors vite, passons la douane, « après » étant un autre jour !

Une fois dans l'avion, juste avant le décollage, bien calée dans le siège que Mlle la fiancée a dédaigné, je cherche le regard de cette âme en peine. Il est monté le dernier, tant il a tenu à prolonger l'extase du dernier baiser. Je scrute le visage de l'être blessé, abandonné, craignant le pire et redoutant surtout un accès de spleen tenace, mais… *niet*, pas l'ombre d'un regret n'embrume ses prunelles soudain joyeuses : l'homme est déjà ailleurs. Champagne !

Douillettement abandonnée à ses côtés, enfoncée dans le cuir fin du siège luxueux de la section première classe, le verre à la main, je regrette quelques instants de ne pas être amoureuse de l'homme avec qui je pars. En dépit de la bienfaisante trêve amoureuse qui règne en ce moment dans ma vie, je garde au fin fond de mes souvenirs la nostalgie de cette euphorie, de ce délicieux tournis qui accompagne l'état amoureux. Me reviennent en filigrane mes plus beaux moments amoureux, tous sans exception vécus en voyage. Il y a si longtemps que je n'ai pas laissé tomber mes gardes. Et voilà que je m'apprête à m'embarquer pour une odyssée en blanc. Blanc de passion, blanc d'amour… blanc comme dans rien autour. Mais j'ai mon ami, ma belle âme auprès de moi et j'ai l'intime conviction, connaissant maintenant son récent combat contre la mort, que le simple fait de vivre vaut bien en soi toutes les frénésies de la terre. Et tant pis pour l'extase.

Pour moi qui ai une peur morbide de l'avion, le vol se déroule heureusement sans l'ombre d'un problème, et c'est avec une énergie du tonnerre que nous atterrissons à Nice, première étape de ce périple prometteur. Petit miracle : nos bagages nous ont suivis ! Aujourd'hui, le contraire est la norme. Puis, direction kiosque d'achat-location de la voiture. Notre optimisme ne nous avait pas préparés à une petite heure d'attente. Il m'était d'ailleurs arrivé, plus souvent qu'à mon tour lors de mes voyages, de faire la commande d'une voiture avant le départ pour me retrouver avec un sous-produit à l'arrivée. Mais là aussi, nouveau miracle : nous aurons notre belle Mégane, une décapotable de la bannière Renault. En route donc pour l'essence. Et c'est au moment précis où nous tentons avec peine de nous orienter que je me suis dit : « Ce voyage à deux, ça passe ou ça casse. »

Un lacis incroyable de petites routes marquées d'enseignes inhabituelles, de logos que l'on a du mal à décoder suffiraient à mettre les nerfs à dure épreuve. Comment choisir ? Comment éviter de partir dans la mauvaise direction ? Comment éviter les Fangios de ce monde, tous prêts à te traiter de « paysan » si tu retiens l'aiguille de l'odomètre à 150 dans les courbes ?

« Laisse l'homme conduire, Danielle, me suis-je dit, et contente-toi de naviguer ! Chacun sa tâche. » Je garde donc l'œil sur les affiches et lui les mains sur le volant. Deux corps, une action, pas de chicane ! Ce sera la formule idéale de tout le voyage.

À partir de ce jour, tous les matins au petit-déjeuner, Henri me confiera la tâche agréable d'ouvrir les guides de voyage et de lui faire la description des « incontournables » à visiter, tandis que lui scrute la carte routière et arrête son choix sur la prochaine destination. Mais pour l'instant, tout est décidé : nous allons vers Vintimille, la frontière italienne, nous arrêtant en route pour un premier repas en terre européenne. Pas besoin de se consulter là-dessus, nos estomacs nous obligent déjà à faire un arrêt à Monaco.

Monaco ! Ce que ma mère en avait rêvé ! Je l'y avais emmenée lors de son unique voyage en Europe. Elle ne cessait de me répéter qu'elle y finirait bien ses jours. Monaco, bien sûr, a son côté paradisiaque, mais ce petit promontoire manucuré en pente vers la mer, où l'on ne peut, pour une fortune, que se loger à l'étroit dans des immeubles juchés sur les rochers et rappelant vaguement les structures d'Habitat 67, n'évoque en rien chez moi ce que j'appelle le plaisir de vivre. Monaco la belle, peut-être, mais à quel prix ! Dans la rade, une rangée de yachts me confirme que je ne ferai jamais partie du Gotha. Alignés comme des sardines, les plus beaux bateaux du monde se font compétition pour un minuscule coin d'espace bleu où ranger leur paradis flottant. À quoi s'amusent-ils tant, ces gens venus comparer leurs fortunes ? Peut-être ne suis-je qu'un peu jalouse finalement. J'en ai pourtant connu de ces gens « aussi légers que la cendre de leur cigare », comme le chantait si bien Nicole Croisille, et non des plus obscurs. Parmi mes souvenirs surgit un authentique Parisien, naturalisé Monégasque après avoir épousé l'une des plus célèbres vedettes de la Côte. Je fréquentais à l'époque son cercle d'amis, qui faisaient des affaires avec une firme montréalaise. Il était brillant et séduisant et je lui étais tombée dans l'œil. Joyeux noceurs et oiseaux de nuit, nous terminions nos soirées dans la matinée et, quelques années plus tard, au moment de son divorce, bien que je n'aie jamais eu la moindre envie de publiciser notre rencontre, je reçus de ses avocats un appel de « recommandations » ressemblant à des menaces à peine voilées, m'enjoignant de tenir ma langue. Je m'en trouvai si profondément mortifiée que je m'engageai dans une réflexion profonde sur la suffisance et le mépris de ces gens-là, réflexion qui me mena à ne plus jamais avoir envie de les fréquenter. Or, il avait bien dû divorcer pour quelque chose, après tout, ce bellâtre ! Et je peux bien vous révéler aujourd'hui que ce n'est certainement pas moi qui en avais été la cause. Heureusement, mon silence fit en sorte que je ne fus pas pointée du doigt, ni même inscrite sur la liste des récriminations au moment des comparutions. Inutile de mentionner que les journaux à potins locaux de l'époque, qui s'en donnaient à cœur joie de juger et décortiquer tant ma vie que la sienne, n'auraient pas manqué de se régaler de ce nouveau scandale.

Au jour de notre arrivée donc, Henri et moi nous retrouvons assis à une terrasse de Monte-Carlo où l'éclat des parasols orangés, déployés comme des jupes de derviches tourneurs, et la luxuriance du marché aux fleurs tout près nous mettent en joie. La première sensation associée aux souvenirs de mes quelque trente voyages en France a toujours été olfactive. Serait-ce l'amalgame unique des odeurs de l'essence et du bitume, d'une verdure fleurie chauffée par le soleil et d'un petit vent léger mélangeant tout ça ? Je n'en sais rien. Mais ce maelström peu commun m'avait frappée lors de mon tout premier voyage en Europe à dix-neuf ans et il m'assaille à nouveau, faisant remonter une foule de souvenirs.

Dans les années 1970, Monaco était une des destinations incontournables de la Côte. Il y avait Saint-Raphaël pour son petit port ; Saint-Tropez pour ses boîtes de nuit et pour sa muse : Brigitte Bardot ; Nice pour ses fleurs ; Cannes pour son festival. Quant à

Monaco, à part bien sûr son éternel Grand Prix, elle était toute à l'image de son jet-set.

Et parlant de Brigitte… Comme par hasard, c'est à l'aéroport de Nice dans ces années-là que je rencontrai celle pour qui tous les hommes se seraient laissé damner. Elle marchait vers moi, arrivant de je ne sais où, tandis que je débarquais d'un vol en provenance de Paris, accompagnée de Michel Girouard. Nous étions en route vers le Festival de Cannes où mes producteurs m'avaient envoyée présenter mon film *L'Initiation*.

Jamais je n'avais vu femme plus parfaite. Ce que la photographie magnifiait chez elle – lèvres pulpeuses et poitrine arrogante – n'était en réalité que sinuosités idéales. Une merveille ! Comme elle, voluptueuse, généreuse, colorée et noyée de soleil, la Côte allait bien à Brigitte, et je voulais moi aussi la conquérir, cette région, animée une fois l'an par un si prestigieux événement. Ne m'apporterait-elle pas quelques beaux contrats cinématographiques, même si les deux films que j'avais faits jusqu'alors n'étaient qu'une ébauche malhabile de ce que je voulais sérieusement devenir : actrice de cinéma ! À vingt-deux ans, je ne doutais de rien. Pendant le festival, Cannes était la ville de toutes les audaces. Je me souviens d'une session de photographie au cours de laquelle près de deux cents photographes, attisés par des agents de presse, s'étaient massés sur la plage, certains de me voir retirer le haut de mon bikini. C'est du moins ce qu'avaient fait croire mes producteurs pour faire mousser la vente de mon film. Déception, je ne l'avais pas fait. Mais, en matière de provocation, je me suis souvent rattrapée. Toujours accompagnée de Michel Girouard, je me présentais à des réceptions où

– détail insignifiant – nous n'étions pas invités. Pieds nus, cheveux libres me chatouillant la taille, j'arrivais vêtue d'une longue robe blanche au décolleté vertigineux, lacé jusque sous le nombril. Un tel accoutrement, une assurance apparemment à toute épreuve et la liste, glanée dans les corridors, de quelques noms de producteurs importants qui nous attendaient supposément à l'intérieur nous ouvraient toutes les portes. Personne, aux services de sécurité, n'aurait voulu qu'on lui reproche de ne pas avoir reconnu ou d'avoir refusé l'entrée à une superstar. Ça marchait à tout coup.

À l'une de ces soirées à l'Hôtel Carlton, c'est cependant Michel qui m'avait éclipsée. Mû par une pulsion que je n'ose trop commenter, il était monté sur une table, y renversant tous les verres et, une fleur entre les dents, avait déclaré être plus populaire que Pierre Elliott Trudeau. Ce qui n'était pas la moindre des prétentions. M'approchant du lieu du scandale, je remarquai la présence de Richard Chamberlain et compris vite les raisons de tout ce brouhaha : c'était sa façon d'attirer son attention... et les photographes. Ce qu'il fit avec succès, car je rentrai seule à l'hôtel.

C'est encore sur la Côte d'Azur, en 1973, que je m'étais aussi retrouvée avec Jean Duceppe, après que nous avions gagné tous les deux le Prix Orange. Ce concours, dont les origines étaient françaises et qui faisait tous les ans la joie des journaux à potins du Québec, n'existe plus aujourd'hui. Les Prix Orange et Citron représentaient la consécration de ceux et celles qui, dans le *show-business,* étaient élus par les journalistes comme étant les artistes les plus aimés ou les plus détestés de l'année. Dans les dernières années du concours, les « plus fins » étaient récompensés par un voyage en compagnie d'une quinzaine de scribes, tandis que les « plus méchants », eux, ne recevaient rien. Or, bizarrerie toute journalistique, j'avais reçu le Prix Citron l'année précédente et n'avais pourtant rien changé à mes habitudes à l'égard des journalistes. À ce chapitre, certains artistes détenteur du « mauvais titre » en profitaient pour se venger de belle façon. Je me souviens d'une année où l'humoriste Claude Landré s'était présenté à la cérémonie de remise de son Prix Citron avec une tarte à la crème cachée dans le dos. Il l'avait écrasée dans la figure de celui qui lui remettait le trophée. Joël Denis avait fait de même, quelques années plus tard, avec une tarte meringuée. Comme quoi les « entarteurs » de notre époque n'ont rien inventé.

Tout le voyage en direction de la Côte pour cette occasion se faisait en autocar et ma sœur Judith m'accompagnait. En route, nous étions reçus par les plus grands restaurateurs de chaque région. Mon plus beau souvenir restera la visite de l'Oustau de Baumanière, aux Baux-de-Provence, où l'on nous avait servi un loup en croûte de sel. Le loup étant un poisson très gras, on en retire les graisses en l'enrobant, au moment de la cuisson, d'une épaisse couche de gros sel que l'on fait éclater avec un marteau juste au moment du service. Auparavant, notre invitation chez Paul Bocuse dans la région de Lyon, temple de la haute gastronomie française, avait failli être annulée. Comme nous étions en retard, M. Bocuse avait décidé de ne plus nous accueillir. Quand on lui fit remarquer que notre délégation se composait de quelque vingt personnalités du domaine des médias québécois, il s'excusa de ne pas nous présenter le menu planifié, trop long à exécuter, mais nous offrit un nouveau repas simplifié, ce qui ne nous empêcha pas de manger divinement. Vers 16 heures, emporté lui-même par notre exubérance, il nous entraîna dans son musée d'orgues de Barbarie et d'instruments de musique automatisés. Nous y avons dansé une bonne heure, repus, ivres tant de bons vins que de moments magiques. Nous nous inquiétions cependant de la santé de M. Duceppe, qui souffrait d'un diabète sévère à l'époque. Il ne s'imposait aucune restriction, engloutissait systématiquement chaque vin et chaque dessert, nous faisant craindre une crise imminente qui ne se produisit heureusement pas. Je garde d'ailleurs de lui un étrange et troublant souvenir, d'une singulière… devrais-je dire sensualité ? Le Boeing 747 d'Air France qui nous menait à notre « récompense » était alors équipé d'un petit salon au second étage, tout près du poste de pilotage. Tard dans la nuit, je m'y étais installée pour dormir par terre pendant quelques heures, entourée de coussins et de couvertures prêtés par l'agent de bord. Je me sentis lentement extirpée du sommeil par une caresse au visage. Ouvrant à demi les yeux, je trouvai Jean qui, couché près de moi sans me toucher autrement que du bout du doigt, me regardait dormir en me caressant la joue.

« Dors, dors Danielle. Je veux juste avoir le plaisir de te voir dormir. »

Je refermai les yeux sans bouger. Il fit de même. Ce moment d'intimité donna une connivence nouvelle à notre rencontre. Jean, plus âgé que moi et incertain quant à la façon dont il pouvait ou devait se comporter devant une jeunesse invitante, s'était sans doute permis ce geste de tendresse pour m'inviter à choisir quelle « couleur » je voudrais éventuellement donner à notre voyage. Jamais il n'insista et jamais je ne l'encourageai. Mais nous avions tous les deux des étoiles dans les yeux : chez lui, peut-être ai-je imaginé celles du désir, mis en veilleuse par la situation, et chez moi celles allumées par l'honneur de plaire à un homme que j'idolâtrais, tant par son travail que par l'aura qui se dégageait de lui. Ce qui suffisait pour que jamais je n'ose l'approcher. Je n'ai jamais su séduire ceux qui m'intimident !

L'un des souvenirs les plus amusants de ce voyage me ramène à Menton. C'était le jour de l'Armistice et l'on nous avait demandé, à Jean et à moi, de déposer devant les journalistes français et canadiens une couronne au pied du monument commémorant le souvenir des soldats canadiens morts lors du débarquement sur les plages françaises. Nous avions ensuite été reçus dans la salle des mariages de l'Hôtel de Ville, magnifiquement décorée des murales de Jean Cocteau. Le maire s'apprêtait à faire un discours de circonstance devant ses « petits cousins du Canada », et il était évident qu'en bon Français habile à manier le propos et la langue, il n'avait rien préparé pour ce discours, se contentant d'improviser. Droits et solennels, Jean et moi étions en retrait derrière le maire et faisions face aux journalistes, tous réunis sous les voûtes creuses de la salle construite d'un assemblage de grosses dalles et de pierres équarries. Là, grâce à l'écho des voûtes, la voix du dignitaire prenait toute sa puissance. Le magistrat municipal, entamant son discours, se lança donc dans un ennuyeux et inévitable soliloque. On s'embêtait royalement jusqu'au moment où, pris d'une inspiration douteuse, celui-ci s'embourba dans une phrase hors de laquelle il ne trouvait aucune issue :

« Chers cousins du Canada, quoique nous ne vivions pas sous les mêmes climats, que nous n'ayons pas les mêmes coutumes, les mêmes paysages, une langue et une chaleur humaine cependant nous unit et nous rapproche. Nous, nous avons nos citrons dans nos citronniers et vous… long silence… vous avez vos pommes dans vos pins. »

Mais qui donc lui a parlé de nos pommes de pin comme étant comestibles ? Ou alors, qui a réussi à lui faire croire que nos pommes puissent venir de nos pins… et non de nos pommiers ? M'enfin ! Pourquoi pas nos « pommes de route » tant qu'à y être ?

Perplexe, je regarde Jean pour vérifier s'il a bien entendu la même chose que moi. Oh que oui ! À son regard fuyant et à son sourire figé, je vois qu'il a bien entendu ! Me voilà prise d'un fou rire inextinguible. Je baisse les yeux, baisse la tête… Mon chapeau à large bord, mis en l'honneur de la solennité de l'occasion, tangue d'un côté puis de l'autre. Jean, pris d'une même irrésistible hilarité, me pince le bras pour éviter d'éclater bruyamment. Nos épaules tressautent au même rythme, les larmes coulent de nos yeux, et il nous est désormais impossible d'arrêter. Les journalistes français nous regardent, sidérés, et les Québécois, tous pris d'un même mouvement syncopé, tentent de se cacher discrètement derrière ceux qui sont devant. Puis la voûte de la salle se remplit soudain de petits bruits de souris hystériques, ce qui ajoute à la confusion. L'orateur insulté nous regarde comme si nous étions coupables de lèse-majesté, ce qui évidemment ravive nos fous rires.

Que de souvenirs ! Assise à cette terrasse avec Henri, je me demande si j'ai envie de lui raconter tout ça. Pas vraiment ! Je veux seulement prolonger cette impression de « retour à la maison » qu'évoque chacune de ces aventures. Et je m'apprête maintenant à ajouter au souvenir de mes voyages une belle suite d'images nouvelles. L'Italie, c'est à côté et je veux tout y découvrir, mais avec Henri cette fois. *Andiamo !* La décapotable nous attend.

Quoique l'on ne nous ait absolument rien demandé à l'arrivée en France, je me prépare dans la même journée à passer une nouvelle frontière. L'Italie, objet de mon désir, commence à Vintimille à quelques kilomètres de Monaco ! Où est mon passeport ? À peine ai-je le temps de chercher mon sac sur la banquette arrière pour le récupérer qu'Henri m'annonce triomphalement que nous y sommes. Nous sommes en Italie ? Et la frontière ? Et la douane ? Il n'y en a plus ! Terminé. Quel pays civilisé tout de même ! Seule une affiche nous souhaite la bienvenue. Ce n'est pas très romantique par contre. Je ressens comme une espèce de *coïtus interruptus* à l'idée de ne pas avoir eu le plaisir de me faire accueillir par un bel Italien à l'accent roucoulant, perché dans sa guérite, et de ne pas avoir fait estampiller mon passeport, gage de mon passage en un si beau pays.

Une heure à peine vient de s'écouler et Henri est fatigué. Même s'il n'est que 14 heures, nous nous arrêterons à San Remo. Il faut qu'il dorme, ce qu'il n'a pas réussi à faire dans l'avion, contrairement à moi qui pourrais m'étendre sur un lit clouté, tant l'inconfort ne me dérange en rien. C'est parfait : je pourrai lire un peu, activité qui fait partie de mon quotidien mais qui n'est pas la « tasse de thé » de mon partenaire. Et puis, quand Henri dort… il ne parle pas. J'ai tout mon temps pour penser. Mon repos à moi, c'est le silence. Quoique je n'aie pas de quoi me plaindre, car Henri n'est pas très « jasant ».

À l'hôtel, où l'on décide finalement de passer la première nuit, je m'adonne au plaisir de rêvasser. Étendue à l'ombre d'un palmier, abrutie par la chaleur, le livre au bout du bras et les yeux livrant combat tantôt au sommeil et tantôt au plaisir de contempler les lieux, paresseuse comme un bateau échoué auquel la mer imprime un léger mouvement de va-et-vient, je dérive dans ma tête. Et sur cette plage de bienheureuse béatitude, les pensées surgissent, étonnantes lorsqu'on ne les attend pas. Je regarde Henri, assoupi au bord de la piscine, abandonné, essayant maladroitement dans son repos de relever sur ses épaules amaigries une large serviette orangée qui glisse souvent, afin d'éviter le peu de soleil qu'on lui permet de prendre depuis sa maladie. Je me surprends à songer à la précarité de la vie, au mystère qui fait que l'on puisse aimer certains êtres plus que d'autres et à l'ampleur de l'attachement qui se révèle rien qu'au sourire qui s'esquisse involontairement lorsqu'on les regarde. Pourquoi, avec lui, ai-je la certitude de ne jamais devoir mettre cette vérité à l'épreuve ? Serait-ce que le temps, en gommant les rancœurs – et ce fut le cas entre Henri et moi – a donné vigueur au sentiment ? Est-ce cela bien vieillir ensemble : être bien avec l'autre… en tant qu'ami plutôt qu'amoureux ? Je le sens fragile, mon bel ami. J'aimerais le bercer comme un enfant, le rassurer. Le comprendrait-il, lui si fier d'assumer son malheur la tête haute ? Serait-ce céder place à l'apitoiement ? Serait-ce céder à la maladie que de se laisser faire ? A-t-il changé et en quoi ? Me vient alors l'idée toute bête que je m'en fais sûrement beaucoup plus que lui à ce sujet et que ce n'est certes pas pour lui faire rappeler son infortune qu'il m'a demandé de le suivre, mais plutôt pour célébrer la vie. Message compris, mon Capitaine. Votre complice ici présente vous fera faire un beau voyage. Un voyage doux, cotonneux, celui que l'on prendra plaisir à faire revivre au retour par des allusions, des sous-entendus, un peu comme si chaque mot, chaque nom relevait d'un code secret imparti à une secte dont nous serions les seuls adeptes.

« Tu te souviens, Venise ? La place à San Gimignano ? *Aïda* ? » Pas besoin de raconter davantage : nous nous souviendrons d'avoir passé une des plus belles journées du voyage à boire du vin, assis à la terrasse du plus vieux restaurant du monde, Piazza San Marco à Venise ; nous nous souviendrons d'avoir écouté un musicien chanter en s'accompagnant à la guitare, quelque part en Toscane, et surtout nous nous souviendrons d'avoir tout fait, mais en vain, pour essayer d'assister à la représentation d'*Aïda* donnée à l'Arena di Verona, lors du 82e Festival de Vérone. Comme il n'y avait plus de billets, nous nous étions contentés de manger le soir à une terrasse non loin des gradins, dans l'espoir d'y entendre au moins quelques notes de l'opéra. Tous ces souvenirs, et le retour de chacun d'eux contenu dans ces quelques mots : « Tu te souviens ? » Évidemment, assise sur cette chaise, sous mon palmier, je ne peux prévoir ces beaux moments, nous ne les avons pas encore vécus ! Mais, à la fin du voyage, le procédé restera le même, j'en suis persuadée : un mot et nous aurons une déferlante de souvenirs à jamais plantée dans le cœur.

Tiens ! L'homme se réveille. J'ignorais que s'éveillait avec lui l'un des plus redoutables sprinters que j'aie connus de ma longue vie. Dès ce jour, tout s'accomplira au pas de course, au sens propre comme au figuré : Henri veut tout savoir, tout voir et tout avoir. À peine debout, il prendra une douche et m'enjoindra de le suivre pour visiter la ville où commence notre périple. Il veut aller faire un tour au Casino. Coquette, j'enfile mes talons hauts, ce que je regretterai amèrement. Deux coins de rues et quelques pentes plus loin, j'en suis déjà à jurer comme un charretier, maudissant les trottoirs inégaux et la pierraille qui jonche le moindre bout de route. À la cadence que maintient Henri, je me dis qu'il a dû lire dans un dépliant qu'un événement à ne pas rater allait avoir lieu quelque part et que nous devions nous hâter pour ne pas le rater... mais pas du tout. Enfin reposé, il veut tout simplement bouger, m'explique-t-il. Chemin faisant, je remarque une drôle d'église qui me semble d'origine russe, tant ses coupoles semblent tout droit sorties de la boîte à images de la place Rouge. Je ne m'y suis pas trompée. J'apprendrai que San Remo a longtemps été fréquentée par l'élite russe qui y faisait des cures, d'où l'érection de l'église du Christ Rédempteur par un architecte russe qui n'y mit jamais les pieds, même pas pour en superviser les travaux. Malgré sa hâte à vouloir aller je ne sais où, Henri veut la visiter. Que c'est plaisant ! Moi qui étais persuadée que ce genre d'activité le rebuterait, mais bien au contraire : aucun arrêt, commandé par mon envie d'examiner de plus près l'architecture de beaux monuments, ne me sera refusé. Chez les hommes que j'ai connus, ce genre de curiosité est plutôt rare. Mais il se fait tard et je comprends enfin l'urgence de ce sprint digne d'un quatre cents mètres haies : Henri se presse frénétiquement, arpentant la rue où s'étalent de nombreuses boutiques, il est déjà à la recherche de quelque chose à acheter et il faut devancer la fermeture des magasins. Il n'est pas encore au fait des habitudes italiennes car, à l'heure où chez nous tout ferme, les boutiques d'ici viennent à peine d'ouvrir de la longue interruption de l'après-midi. Enfin rassuré sur le fait qu'on ne lui claquera pas la porte au nez, il se calme et m'entraîne d'un endroit à l'autre, tranquillement. M'enfin, il a toutes les qualités, cet homme ! Les églises, les monuments, le *shopping* en plus et sans la moindre plainte. Je commence à me demander si je ne dois pas à ma jeunesse idiote le fait d'avoir laissé passer un si « beau parti » et d'avoir erré en « jetant mes choux bien gras » ! Aurais-je vraiment pu avoir un homme à ma mesure et l'avoir ignoré ? Il a déjà fait sa première dépense et tout fier d'avoir trouvé quelque chose à son goût, il remisera la chemisette québécoise dans le sac qu'on lui tend, pour porter tout de suite et fièrement le nouvel achat. Et maintenant, cap sur le casino de San Remo où ont pris place tant d'événements et de légendes. Selon un des récits qui circulent sur ce lieu mythique, un jour, le roi Farouk, désireux de ne pas perdre une mise importante jouée à une table de poker, aurait réclamé sans broncher la victoire en affirmant : « J'ai trois rois dans mon jeu et le quatrième… c'est moi ! »

Déjà, en montant les marches de ce palais tout blanc, le regard est happé par sa splendeur. L'espace est grandiose et de facture surannée, l'ambiance feutrée et les joueurs sérieux, complètement absorbés par le jeu. Glissant entre les tables, je scrute les visages car l'un de mes grands plaisirs est d'essayer de deviner les gens. Ici comme ailleurs, il est impossible de faire la part entre les moins nantis et les plus belles fortunes d'Europe tant les joueurs, ancrés à leur coin de tapis vert, semblent indifférents face aux montants engagés. Comme si ça n'était que des chiffres ! Mille ou dix mille. À peine un rictus. Car finalement il n'y a que quelques rares gains à espérer. Qui peut avoir le luxe de ne rien gagner et de s'en amuser ? Je ne saurai deviner ! Moi j'aime jouer. J'aime la griserie du bruit que fait la machine lorsqu'elle rend l'âme en te jetant quelques piécettes étincelantes. Mais jamais au point d'y laisser beaucoup d'argent, tout au plus une centaine de dollars : je sais m'arrêter dès que je perds. Et ce soir, même si Henri semble vouloir se laisser un peu aller sur ses mises, je ne dérogerai pas à mes habitudes.

Au casino de Cannes, quelque quinze ans plus tôt, mon regard s'était dirigé vers un Indien – on ne voyait que lui – vêtu de la tunique traditionnelle et silencieusement suivi par trois femmes magnifiques, habillées de saris somptueux. Il circulait d'une table à l'autre en y déposant des jetons çà et là, sans regarder, sans calculer et au gré de sa fantaisie. Ce qui m'avait fascinée et révoltée à la fois, c'est qu'une fois la mise faite, il ne restait pas à la table pour voir le jeu se dérouler. Une des femmes qui le suivaient avait le devoir de bien regarder ce qu'il misait au départ et de revenir vers lui avec les jetons s'il avait gagné… et ainsi de suite. Une femme à chaque table ! Il a fait ça pendant une heure, tournant en rond, un peu comme un chat faisant sa ronde. Mais où réside le plaisir quand le plaisir n'est plus de se voir gagner, et que de perdre ne fait aucune différence ? Aussi bien donner cet argent aux pauvres ! Bref, Henri et moi avons perdu, mais rien pour se mettre à pleurer. Dodo ! Demain commence le vrai voyage.

Non, je n'aurai pas encore à ouvrir les guides. On a décidé de suivre la côte et notre destination c'est « par là ». Je n'ai qu'une seule demande : revoir Savona. Il y a quarante ans, en route vers Rome, je m'y étais arrêtée pour le petit-déjeuner. Sa plage, ses grillons et ses lauriers lourds de fleurs roses, l'ocre de sa terre m'étaient restés « collés » au cerveau. Il fallait que je revoie Savona. Seigneur, quelle déception ! Une autoroute, des cabanes décrépites, une végétation luxuriante fauchée par les machines, plus rien ne subsiste de mon rêve. Pire : la route donne accès un peu plus loin à la ville portuaire de Gênes, et mon premier contact avec la mer a lieu dans une espèce de « Wildwood » absolument ahurissant où cabanes à friture, stands à cochonneries et trottoirs de bois surplombant le sable se disputent l'espace de la plage. Ça commence bien ! C'est alors que me prend l'envie de déplier la carte routière, mais c'est Henri, toujours en gardant cap sur la mer, qui nous dénichera le plus joli petit patelin manucuré de la côte italienne naissante.

Santa Margherita

> « On dirait le Sud,
> Le temps dure longtemps
> Et la vie sûrement,
> Plus d'un million d'années
> Et toujours en été. »
>
> *Le Sud* (Nino Ferrer)

Et l'on se remet en route, direction « quelque part par là ». Je me suis rarement sentie aussi légère, aussi libre. Est-ce à cause du vent qui s'engouffre dans la voiture décapotable et qui vient balayer les moindres petits coins gris de mon âme ? Quoique le paysage à lui seul ait de quoi déchagriner quiconque avec ses petites anses tortueuses et ses rochers percés qui enjambent la route pour laisser passer les voitures. En surplomb de la mer, des nuages roses comme des tutus de ballerines se posent gracieusement sur la toile indigo de l'horizon, accentuant la sensation de plénitude qui m'habite. Des noms de villes défilent, s'enchaînent et disparaissent, malgré l'envie de nous y arrêter, las d'être assis depuis le matin. Finalement, la pause se fera dans une petite ville dont je n'avais jamais entendu parler : Santa Margherita. Comment peut-on être à la fois si jolie et si complètement ignorée ! Santa Margherita, à première vue, ressemble à Cannes en plus campagnarde, à Saint-Tropez en plus guillerette, à Nice en plus familiale mais tout aussi luxuriante. Et tout de suite, nous pensons y déposer nos bagages. Sur ses collines, nous découvrirons un hôtel que nous ne voulions tout d'abord que visiter car tout, de son portail d'accueil jusqu'à son affiche 4 étoiles, nous permettait d'imaginer une splendeur à l'italienne à prix inabordable. Une curiosité, un brin d'audace cependant nous font franchir la grille, un peu comme si nous entrions en délinquants sur le terrain privé d'un illustre milliardaire. En serons-nous éjectés sans ménagements ? À peine avons-nous franchi la barrière qu'un chemin étroit nous empêche de faire demi-tour et nous garde prisonniers. Serait-ce un piège à touristes ? Un employé va-t-il surgir, s'emparer en vitesse de nos bagages et les garder en otages pour prévenir l'évasion ? Et ça ne rate pas : sitôt stationnés et le pied posé sur la pelouse, il nous faut, pour échapper aux questions du personnel vivement venu à notre rencontre, louvoyer entre les voitures. Presque gênés par tant d'opulence et hésitant à évoquer une simple visite, nous avançons vers les jardins, nous éloignant de la réception pour faire croire que nous pourrions, éventuellement, si l'endroit nous plaît, y rester pour la nuit. Curieuse, tout de même, cette envie de nous forger une attitude de détachement et d'arrogance face à ce luxe et de vouloir paraître aussi à l'aise que les bien nantis pour nous donner le droit de voler du regard, pendant quelques minutes, la beauté inaccessible de ce châtelet.

« On reste ici ce soir, me dit Henri sans hésitation.
— Es-tu fou ? Ça doit coûter une fortune.

— Pis, on le mérite bien ! »

C'était bien mal juger et du lieu et des gens. Des préjugés, c'est moi qui en avais. Car si la chambre coûtait plus cher qu'une chambre ordinaire, on pouvait largement se la payer. Mais contrairement à mes *a priori*, jamais le personnel ne nous fit nous sentir comme des citoyens de seconde zone, égarés en ce lieu paradisiaque. Ceux-ci, aguerris à toutes les rencontres, se gardent bien de juger des apparences. Ils ont tout vu, tout entendu et peuvent témoigner de ce que la vie peut parfois réserver comme surprises. Or à mes yeux, si rien n'est plus pauvre de nuance et de sentiment qu'un « nouveau riche », j'aurais dû me souvenir que, chez les gens nés dans le luxe ou y étant parvenus après des années de sacrifices, l'étalage de sa bonne fortune n'est que rarement fait avec flagornerie, et le regard premier porté sur autrui est davantage fait de curiosité que de jugement. Du moins il en est ainsi chez ceux que j'ai connus. Pour certains, être riche, c'est comme être né blond aux yeux bleus. Tu n'y peux rien, *so enjoy* ! Et lorsque tu as l'avantage de les côtoyer, c'est avec détachement, sans restriction et sans calcul qu'ils partagent leur mode de vie, puisque pour eux le luxe fait partie du quotidien. Or ce luxe, vu de l'extérieur, fait naître une espèce d'envie pour qui l'interprète comme du tape-à-l'œil, comme une grossière démonstration de richesse, alors qu'il n'en est rien. Du moins, et je le répète, chez certains d'entre eux. C'est ce que les anarchistes exècrent et confondent avec de la suffisance et du snobisme, ce que les moins riches envient et que nous, communs des mortels, trouvons parfois suspect. Eh quoi ! Qu'ont-ils bien pu faire pour y parvenir ? Soyez honnêtes : n'a-t-on pas tendance à douter qu'ils aient pu devenir riches en toute légitimité ? Pourtant, personne n'est plus généreux que ceux – pas tous évidemment – qui assument avec discrétion le privilège de leur bonne étoile. Partager ne se fait pas de façon ostentatoire et ils gardent le calcul pour les affaires et rarement pour l'amitié. On pourrait les croire capables du plus grand mépris, ils sont souvent, bien au contraire, capables d'une belle humilité. Souvent d'ailleurs ils balancent entre fierté et culpabilité et hésitent à faire montre de leurs avoirs. De toute façon, j'ai toujours pensé qu'il en allait de la richesse comme de la connaissance, elle rend humble devant l'insondable immensité du monde et du savoir. Il y a certes les indécrottables snobinards, les malappris de la finance, les désœuvrés du portefeuille, mais il y a aussi les autres. En voici un exemple.

J'étais toute jeune lorsque je me retrouvai confrontée à ce milieu pour la première fois. Invitée à une réception dans une maison privée, j'y avais fait la rencontre de l'un des frères Bronfman, qui, à mes yeux, appartenait à un monde dans lequel on a certes tout vu, tout vécu. L'approcher risquait tout simplement de me confronter à mon manque de culture. Nous étions assis l'un près de l'autre et, cherchant à alimenter la conversation, je me penchai vers la table devant moi, sur laquelle trônait un immense et magnifique album, plein d'images d'un photographe dont j'oublie le nom, et qui avait pour sujet l'Himalaya. Je demandai à M. Bronfman s'il connaissait ce livre. Devant sa réponse négative et pour l'avoir longuement feuilleté auparavant, je devins soudain le guide d'un petit voyage d'initiés à travers l'œuvre. Nous sommes restés soudés à ses pages pendant une heure, soulignant de commentaires chaque image nouvelle. Isolés dans notre bulle, perdus entre les pics vertigineux de l'Himalaya, sans que rien autour de nous ne puisse nous déranger. Jamais il n'a essayé de m'épater avec ses expériences personnelles, même s'il m'avait avoué avoir visité le Népal. Au fur et à mesure que nous tournions les pages, je sentais le plaisir de la découverte s'immiscer lentement chez mon vis-à-vis, si bien qu'arrivés à la dernière page nous avons eu peine à rompre la magie. Jamais je n'oublierai la lenteur avec laquelle il déposa révérencieusement le volume sur la table et la façon dont il se pencha vers moi, plantant ses yeux dans les miens et baissant la voix pour me dire : « Merci de m'avoir fait découvrir quelque chose de nouveau aujourd'hui. Ma journée ne sera pas perdue. » Je le sentais, c'était un merci d'une profonde considération. Je n'ai jamais oublié la leçon.

Un jour, un devin – et pas n'importe lequel puisqu'il s'agissait de Lobsang Rampa – me reçut et prédit, alors que je n'avais que vingt-trois ans, que je serais reçue « *amongst the richest and the poorest, the kings and the peasants* » (les riches et les pauvres, les rois et les manants). Je l'avais trouvé plutôt présomptueux, même s'il est vrai que mon métier d'intervieweuse me donne l'immense chance d'avoir accès à un foisonnement de rencontres et d'événements des plus enrichissants. Le fait demeure cependant que j'ai toujours eu une certaine aisance à fréquenter tous les milieux sans y voir de différences, car tous ont eu quelque chose à m'apprendre. Et souvent, certains parmi les moins fortunés m'ont appris beaucoup plus et mieux que d'autres. Il existe sur cette terre une abondance de richesses abasourdissantes et il n'y a que la très grande injustice de la répartition des biens qui empêche le monde d'en profiter à parts égales. Tout ça à cause du karma, prétendent les bouddhistes. Je ne me lancerai pas ici dans de longues considérations philosophiques, mais chaque vie, la mienne comme la vôtre, nous mène sur des routes différentes et je crois fermement que c'est ce que l'individu apprend qui compte. En ce qui me concerne, je ne peux raconter que ce que j'ai vécu et ce que j'en ai reçu. Pourquoi moi et pas mon vis-à-vis ? Je ne cesse de me le demander. On me dit chanceuse dans la vie. J'ai pourtant vécu des drames très intenses où rien ne me fut épargné. Or j'ai eu la chance d'avoir pu les traverser sans m'abîmer, sans que ma confiance en l'univers et en autrui en soit démolie, sans me replier sur moi-même devant des obstacles qui semblaient vouloir m'anéantir. S'il y a meilleure vie que la mienne, il y a certes pire et c'est la mienne que je veux vivre, persuadée que ce qui est vécu dans le présent porte le sens de ce qui devra être vécu après, s'il y a un après. Les rencontres, les joies, les peines, tout n'est que leçon. Je crois profondément que rien n'arrive gratuitement et que tout a un sens.

Ce qui m'amène à un autre souvenir. J'étais au restaurant Le tire-bouchon avec Edmond Jolicœur, un ami de longue date aujourd'hui décédé, lorsque celui-ci me présenta un de ses amis, le Dr Jean-François Mercier, talentueux chirurgien de profession. Issu d'une famille brillante, ce dernier était le frère de la pianiste de renommée internationale Hélène Mercier, laquelle avait épousé la plus grosse fortune d'Europe : Bernard Arnault, directeur de LVMH qui regroupe les marques Louis Vuitton, Christian Dior, Moët-Hennessy et j'en passe. M. Arnault se classe au septième rang des plus grandes fortunes au monde, selon *Forbes*. À l'époque, celui-ci était justement en train d'organiser une réception réunissant les personnalités les plus influentes de la finance mondiale et des arts, ainsi que quelques têtes couronnées, pour célébrer les cent ans du Polo de Paris. Évidemment, son beau-frère était invité ! Avec tous ces appels au plaisir qui pleuvaient depuis la France, Jean-François aurait dû vivre en Europe pour profiter de ces expériences uniques et maintenir la cadence des privilégiés de ce monde. Or comme il vivait au Québec, chaque invitation impliquait un voyage en Europe. Terriblement tenté cependant par cet événement, il voulait y assister et se demandait qui pourrait bien l'y accompagner ? Contre toute attente, impulsif, le copain Edmond lui suggère : « Invite Danielle, elle te fera l'accompagnatrice idéale ! » L'idée semble plaire à Jean-François et, quelques jours plus tard, il me téléphone pour me lire le carton d'invitation annonçant que la réception aura lieu dans les jardins de Bagatelle à Paris et que le thème de la soirée sera « tenue de gala (façon) Indes anglaises » ! Seigneur... comment s'habillait-on en Inde il y a cent ans ? Je n'ai que deux semaines pour le découvrir. Assurément, il me faut être vêtue de soie chatoyante. Pour remercier Jean-François de son invitation, je décide que rien ne viendra entraver mon envie de me démarquer ce soir-là, quel que soit le prix de la robe. Donc, après mes journées de travail à la radio de CKVL, j'arpente les magasins les plus luxueux spécialisés en robes de soirée, mais ne trouve pas l'objet de mon désir. Tout est très pompeux, froufrouteux, bijouté, et je décide que la seule solution est de faire confectionner la robe de mes rêves. Par un après-midi pluvieux, mes pas m'amènent – pure impulsion – sur l'avenue Greene où trône la très belle boutique de MM. Serge et Réal, les couturiers du gotha montréalais. J'ai à peine mis le pied dans la boutique que je me sens déjà légèrement mal à l'aise. Après tout, on ne va pas s'acheter une robe pouvant se détailler dans les 5 000 dollars et plus, habillée de jeans et d'espadrilles, si seyants pour le travail que je fais enfermée dans un studio devant le micro, mais peu appropriés à ce genre d'endroit. Encore mes préjugés ! Mais je n'ai pas le choix, il ne me reste que dix jours avant l'événement et je suis en état de panique. J'entre. L'endroit est désert. Venant du fond, une dame petite et d'un certain âge, tout de noir vêtue, s'avance alors vers moi. Elle me détaille avec des yeux ronds et fixes, me donnant tout de suite la très désagréable impression que je viens de faire pipi sur son tapis de Turquie.

« Bonjour, madame. Pourrais-je parler à MM. Serge ou Réal, j'ai une demande spéciale à leur soumettre.

— Ils ne sont pas là et ne reçoivent que sur rendez-vous.

— C'est une urgence, madame. J'aurais besoin d'une robe d'ici dix jours. Je m'en vais à Paris pour un événement et l'on nous demande une robe d'inspiration ind... »

Autant la dame avançait prudemment vers moi pour me répondre, autant elle recule maintenant vers l'arrière-boutique en protestant : « Ah non, c'est impossible, ils n'auront pas le temps, désolée », cela avec un mépris dans la voix qui me laissait clairement entendre ses pensées profondes… et hop, elle disparut, me laissant seule dans la pièce, sans vis-à-vis avec qui argumenter.

Je me suis sentie petite et insignifiante, moins que rien, vraiment comme une saleté sur la moquette !

Le lendemain, toujours aussi furieuse de cet accueil cavalier, je racontai le tout en ondes, heureuse d'avoir ce moyen d'épancher ma colère, pensant surtout que l'affaire en resterait là. Mais c'était sans compter sur un public tout aussi scandalisé et qui, touché par l'outrage, se mit à appeler la boutique et à les invectiver de plus belle. La dame, complètement submergée par le nombre d'appels qui ne semblaient vouloir décroître, tenta de me joindre à la station radiophonique et ne réussit qu'à laisser un message sur mon répondeur. Les premières notes de sa voix haut perchée trahissaient son exaspération et, pour quelques secondes, je ressentis une pointe de remords de m'être laissée emporter par la rage, jusqu'à ce que la dame ajoute, en toute fin : « Cessez de nous harceler, vous n'êtes pas de notre monde ! »

Mon sang n'a fait qu'un tour. Je repiquai le message sur bande sonore et, le lendemain, en racontant à nouveau l'histoire au public, je fis passer en ondes la réponse de la vénérable dame, ce qui lui a sûrement donné une envie de calmants en intraveineuse, assortis à de longues vacances à l'étranger. Je ne peux en conclure que Serge ou Réal soient des êtres du même acabit, mais je ne reçus aucun appel ayant pour but d'expliquer les débordements de la dame ou peut-être même de l'excuser, et force m'est d'admettre qu'évidemment elle avait raison : nous ne sommes pas du même monde ! Le leur est inqualifiable, au point que nul ne pourrait avoir envie d'y appartenir... et lorsque j'en doute, je me repasse ce petit bout de commentaire, car j'ai gardé la cassette et n'hésite pas à la faire entendre à toute personne ne pouvant s'imaginer jusqu'où peut parfois aller la condescendance.

Le problème de ma robe restait cependant irrésolu jusqu'à ce que me vienne une inspiration divine : Jean Airoldi, jeune couturier dans le vent, allait sûrement être stimulé par ce défi. Je l'appelai et lui fis part de mon problème qui, dès lors, cessa d'en être un, car il accepta d'élaborer la création : une veste ajustée dénudant entièrement les épaules et confectionnée d'un arc-en-ciel rouge, jaune, vert et bleu de rubans entrecroisés tombant sur une jupe longue, à légère crinoline de couleur bleu roi. Première visite pour les mensurations et pour juger de mes goûts ; deuxième rencontre pour un premier essayage et pour les corrections du patron ; troisième essayage, celui-là à 2 heures du matin car Jean, qui devait participer à un événement à Toronto, avait profité de son retour en voiture pour s'arrêter chez moi alors que je prenais l'avion le soir même pour l'Europe ; corrections plus tard dans la journée. J'eus la robe à quelques heures de l'envolée.

Dans l'avion, assise auprès de Jean-François, je me suis mise à savourer chaque seconde comme un immense cadeau. Nous devions arriver le vendredi à Paris, Jean-François devait séjourner chez sa sœur tandis que je resterais chez Ginette Reno, qui y avait un appartement à ce moment-là. Étrangement, j'y avais été invitée par Jean Pilote, son amoureux de l'époque, aujourd'hui décédé. Je connaissais Ginette, mais je travaillais à CKVL avec Jean et ce dernier avait pris l'initiative de m'offrir une chambre chez elle. Toujours aussi peu détendue en avion, je ne dormis pas beaucoup. Une fois à l'appartement, je me mis au téléphone pour saluer tous mes amis québécois résidant à Paris. Je réservais toutefois ma soirée au producteur du seul film que j'aie fait en Europe : *Le Rouge aux lèvres*, car Henri Lange m'avait invitée à assister à la lecture d'une pièce de théâtre qui devait être créée à Paris quelque temps plus tard. Il faisait chaud dans la salle et, au bout d'une heure, engourdie par la rigueur du propos déployé… par trop rigide et intellectuel, je m'endormis sur le fauteuil, la tête sur le dossier et la bouche entrouverte, comportement inqualifiable devant des hôtes si charmants, ce qui me permit toutefois d'être en meilleure forme lorsqu'on se dirigea ensuite vers le restaurant. Je ne rentrai chez Ginette qu'au milieu de la nuit où je ne dormis qu'une heure car, grâce aux recommandations d'Alvaro, mon ami et coiffeur depuis trente ans, j'avais un rendez-vous tôt le matin chez Carita, le célèbre établissement de coiffure du faubourg Saint-Honoré. Impressionnant ! L'entrée donne sur la réception au premier étage, où l'on est pris en charge par une espèce d'accompagnateur en livrée qui vous amène au second plancher pour le shampooing. Espace grandiose : imaginez un lavoir circulaire de granit poli entouré de chaises longues distribuées en rayons tout autour. Je suis à peine arrivée qu'on me demande si je désire un produit démêlant pour ma chevelure, ce qui chez nous se donne automatiquement, sans autre forme de procès et hop, on me conduit au troisième étage. Non... pas devant les sœurs Carita. Elles sont trop occupées à coiffer les têtes couronnées, invitées sans doute à cette même réception. La coiffeuse est charmante mais, bon... ce n'est pas ce à quoi je m'attendais. Les frisottis du chignon me semblent un peu élaborés, mais je dois faire confiance à ce vénérable établissement, et si je vois des gens rechigner, je n'aurai qu'à mettre le blâme sur la maison Carita.

« Désirez-vous un café, madame ? » Mais bien sûr que madame veut. Un autre monsieur en livrée, vêtu de rouge de pied en cap, m'apporte un « dé » de café turc, et je ressors de là, une heure et demie plus tard, avec le plus grand coup au plexus solaire qu'il m'ait été donné de recevoir chez un coiffeur. La facture est salée : 30 dollars pour le shampooing, 25 dollars pour le produit démêlant, 15 dollars pour la laque, 75 dollars pour la coiffure et 7 dollars pour le café... sans oublier 20 % de pourboire. Rien de trop beau pour la classe ouvrière ! Mon dieu ! Faites que ça tienne jusqu'au soir ! Visite des Champs-Élysées à la recherche d'une parure pour le cou et de boucles d'oreilles dignes de ma robe de soie d'inspiration « Indes anglaises ». Je suis parée quand mon chevalier servant vient me chercher dans une longue limousine noire. Je le sens, je suis une princesse ! Qu'est-ce qu'on est beaux tous les deux. Je vois au sourire de Jean-François que je ne lui ferai pas honte et, avouons-le, je m'apprête à assister à une réception unique. C'est magique. Que de plaisir ! Contournant l'accès au parc par le bois de Boulogne, nous mettons tout de même une heure avant de pouvoir mettre le pied hors du luxueux véhicule, tant les invités sont nombreux. Mais dès les premiers pas, tout m'enchante. Arrêt obligatoire pour la photo de couple, et nous foulons le tapis rouge parsemé de paillettes menant aux quelque trente tentes blanches disposées en enfilade dans les jardins, près de l'Orangerie. Sous chaque dais, trône au milieu une sculpture de glace, chacune différente des autres. Le champagne Moët & Chandon coulera toute la soirée, rendant même difficile l'obtention d'un simple verre d'eau. Les buffets, dressés toutes les deux tentes, présentent des mets de différentes ethnies nous faisant découvrir de nouvelles surprises culinaires. Et cet exotisme provenant de tous les coins du monde se promène grâce à une armada de serveurs livrant bataille, le plateau sur l'épaule, pour se frayer un passage entre les deux mille invités et contourner les orchestres espacés de 150 mètres. Nous nous dirigeons vers les hôtes de la soirée, submergés par la foule voulant les saluer et tentant de nous frayer un chemin entre les photographes désireux de faire provision de photos inédites pour tous les *Paris Match*, *¡Hola!* et *Point de vue* de ce monde. Car des têtes couronnées et des noms à particules, il y en a partout. On n'entend que des « von » des « und » des « de la » et même des « ben » tant la foule est cosmopolite. Le smoking et la robe longue croisent le sari ou la gandoura surpiquée de fils d'or et tout le reste est griffé pure soie… comme ma robe finalement! Quant aux bijoux, il y a là la rançon d'une reine! Un souvenir refait surface: alors que je tournais un film avec Willy Lamothe, j'avais remarqué une énorme bague à son doigt en forme de fer à cheval et parsemée d'une centaine de diamants. Pas du meilleur goût, mais tout à fait conforme au personnage qu'il s'était créé.

« Hum, ça a dû coûter cher, cette bague-là, monsieur Lamothe », avais-je commenté.

Ce sur quoi il m'avait répondu :

« Aucune idée ! Ça a dû, parce qu'ils m'ont vendu un *gun* avec ! »

Et dans cette foule je me surprends à penser qu'il doit bien y avoir au moins cinq cents personnes, invitées par obligation, car faisant partie du service de sécurité de ces messieurs-dames de la haute aristocratie. Indécelables qu'ils sont !

Parmi cette élite, la plus belle, c'est Hélène, la femme de M. Arnault, notre hôte. Elle est habillée par Christian Dior – *of course !* – d'une robe de brocard de soie bleu gris brodée de fils d'argent, livrant compétition à la couleur de ses yeux. Elle sourit à chacun, serre des mains, parfaite hôtesse auprès de cet homme à l'allure ordinaire de prime abord, mais au regard clair, perçant et curieusement rieur dans une figure impassible. Et je comprends instantanément son succès. On ne peut jamais deviner ce qu'il pense, attitude redoutable en affaires lorsqu'il faut supputer des intentions de l'autre. Aime-t-il ? S'amuse-t-il ? Apprécie-t-il cette soirée ? Sais pas ! Seule faille – encore faut-il que c'en soit une –, la tendresse non dissimulée de son regard lorsqu'il regarde sa femme. On sent qu'elle est son phare, sa retraite et que, sans elle, il s'ennuierait peut-être à mort. Pas moi ! Je n'ai pas assez de mes deux prunelles pour tout voir. N'est-ce pas Farah Diba Pavlavi là-bas près d'un massif de roses ? Si belle ! Et pourtant je la trouve décevante dans une robe vieillotte, couverte de perlouses défraîchies, les joues un peu trop fardées, l'œil charbonneux à outrance, mais altière malgré tout, sur fond de tristesse infinie. La soirée se passera à marcher parmi ces invités inconnus de nous deux, mais pas tout à fait puisque Jean-François salue une copine très rigolote, pétillante, avenante, habillée d'un ensemble d'un chic fou, façon tutu de tulle rouge sur jupe de soie noire, souffle de fraîcheur au sein d'un tel décorum. Il est visible que cette femme est aguerrie à la tâche obligatoire du « m'as-tu-vu » des soirées de galas et que, une fois la corvée des hello-darling-contente-de-te-voir-tu-es-magnifique-on-s'appelle-bientôt-ciao terminée, elle ne songe qu'à rentrer chez elle, mais sûrement pas pour mettre ses « gougounes en phentex » et son pyjama de polar ! En fait, elle nous invite à souper. Et quand je dis souper, je parle ici du vrai souper à la française qui se prend passé 22 heures. J'apprends donc qu'il vaut mieux me modérer malgré les délicieux hors-d'œuvre toujours en circulation, car Jean-François accepte l'invitation, prévue après la clôture de la réception... et quelle clôture ! Le son des cors, utilisés pour la chasse à courre, nous invite à nous déplacer dans ces mêmes jardins luxuriants où Marie-Antoinette en personne se promenait, puisque c'est elle qui, en 1777, fit aménager le jardin et les dépendances où nous festoyons. Ces gradins de verdure ont vu le jour et sont restés inchangés depuis ce pari, pris avec son beau-frère, le comte d'Artois, et selon lequel Marie-Antoinette aurait soutenu qu'elle parviendrait à les faire construire en un temps record. Elle remporta la mise, puisqu'ils furent terminés en soixante-quatre jours. À minuit, du fond de la clairière et des bosquets lointains, surgissent une centaine d'enfants tous habillés par Christian Dior et tenant dans chaque main des ballons gonflés à l'hélium. Ils courent vers nous, ouvrant la marche à une cinquantaine de cavaliers montés sur des chevaux magnifiques, tous sans exception de couleur baie solide. Cravache à la main, les cavaliers sont vêtus du seyant uniforme de polo à veste rouge et jodhpurs noirs et coiffés de la classique bombe de velours. S'ensuit un spectacle de chassés-croisés chorégraphié à la perfection, précédant une demi-heure de feux d'artifice avant que la soirée ne se termine. La foule se dissipe, mais non sans avoir reçu, à la sortie, un cadeau magnifique : un flacon de parfum Dior et une édition limitée d'un album sur l'historique et les origines du polo. On regagne les limousines qui attendent, sagement alignées le long des chemins de ceinture. Quelques personnes désinvoltes, non invitées et se passant sans gêne de l'invitation à souper, se regroupent, et ce ne sera pas avant 2 heures du matin que nous mettrons les pieds chez notre « ballerine-amphitryonne » qui ne s'attendait sûrement pas à retrouver à sa table trente convives à une telle heure. Mais qu'à cela ne tienne, nous aurons tous une place assise et de quoi manger. Il est évident qu'elle n'en est pas à sa première réception « improvisée ». L'ennui c'est que nous ne rentrerons que vers 5 heures du matin et que j'ai un avion à prendre à 14 heures. Quelle soirée ! Jean-François me dépose chez Ginette, et quelle n'est pas ma surprise de la trouver à cette heure, installée au salon à réfléchir dans le noir. Évidemment elle veut tout savoir de la fête, on parle, on jase… et bientôt il est 11 heures. Elle aussi doit rentrer à Montréal, nous sommes toutes les deux à bord du même vol et il est temps de partir. En tout, j'aurai dormi six heures en quatre jours. Et dire qu'il y en a qui sont blasés de vivre ainsi. Pour tout vous dire, je crois sincèrement qu'il faut aborder parcimonieusement ce genre de mondanités, car je conçois facilement la vacuité qui peut à la longue s'en dégager, si servies à outrance. Rien n'écœure plus que trop de tout, même si c'est du caviar ou du champagne. Foglia avait écrit un jour que « la marginalité, c'est trois minutes de bonheur avant que ça ne devienne normal ». Je définis tout par cette phrase quand vient le temps pour moi de me départir du superflu qui parfois m'est offert et dont je ne veux pas devenir dépendante. Pour continuer à vivre avec des rêves, on ne peut se permettre de tous les réaliser, car le prochain sera forcément plus ambitieux que le précédent et s'affadira d'autant plus qu'il deviendra possible. Mais, dans ce cas, je peux confirmer que l'occasion et la rencontre étaient uniques.

Assurément, toutes ces histoires me reviennent en mémoire en cet hôtel au luxe harmonieux qu'Henri m'invite à partager, puisque le lieu semble nous ravir.

« Donne les clés au monsieur, Danielle, il va ranger la voiture sur le côté de la maison, car on va aller faire des courses plus tard. »

Cette immense villa-hôtel surplombe la ville et la mer. Devant, ensevelie par les bosquets, une piscine se cache dans un jardin ombragé dont toutes les fleurs me sont inconnues. Pour y accéder, il nous faudra traverser un petit pont de pierres finement taillées qui, étonnamment, traverse non pas une rivière, mais l'autoroute. De retour à la chambre, je constate avec plaisir qu'elle est immense. Au plafond, une magnifique fresque de fleurs et de fruits m'oblige à m'étendre sur le lit pour pouvoir m'adonner à sa longue et admirative contemplation. Les meubles sont de marqueterie et l'immense fenêtre, au voilage léger soulevé par l'air du large, fait flotter jusqu'à moi l'arôme légèrement poivré des lauriers et des rosiers sauvages qui ceinturent la propriété.

« Est-ce que ça te plaît, Danielle ? » me demande Henri, un sourire en coin, comme si dans sa question se nichait aussi la réponse.

Évidemment que ça me plaît. Si j'avais été seule, je n'aurais probablement pas choisi pareil endroit mais, à deux, c'est l'apogée du bonheur. Car je veux bien croire qu'Henri ne se réserve que le meilleur en voyage, mais sa prévenance à bien vouloir le partager avec moi me touche profondément. Qu'ai-je fait pour mériter tant d'attention ? Serais-je une amie si chère que rien n'est trop beau pour moi ? Ou comble-t-il peut-être tous les fantasmes, nourris au cours des années, de ce que nous aurions pu vivre si j'avais fait un bout de chemin avec lui ? Belle ambiguïté soudain éclaircie par la réalité puisque, pour la troisième fois aujourd'hui, il téléphone à son amoureuse restée à Montréal. Il doit être bien épris pour déjà s'ennuyer de sa dulcinée ! On débarque à peine !

« Viens, on va visiter la ville. »

Pour Henri, visiter la ville représente un *sprint* à travers les sites à voir absolument – du moins ceux qu'il considère comme tels – suivi, pour se reposer un peu, d'une séance de magasinage. Et l'on s'engouffre dans la première boutique affichant de belles marques italiennes pour en ressortir, immanquablement, avec un paquet à la main. En deux heures, il s'est « tapé » l'achat de deux costards magnifiques, d'un pantalon sport Lacoste, de quelques polos mais… tragiquement, la ceinture marine Lacoste nécessaire pour compléter l'ensemble est en rupture de stock.

« Il y en a partout, Henri, je vais te la trouver sans problème. Au pire, je l'ai vue à Montréal.

— Non, c'est maintenant que je la veux. »

Trois minutes de plus et il tape du pied. Je le sens très déçu. Un enfant ! Je suis avec un enfant ! Il nous faudra donc consacrer la prochaine heure à courir toutes les boutiques de la région pour retrouver ladite ceinture. C'est à peine si j'aurai le temps de m'acheter des sandales à talons plats – car j'ai déjà le mollet en feu à essayer de le suivre – et une première glace à la pistache, les glaces italiennes étant reconnues comme les meilleures au monde. La journée se terminera par une balade en voiture le long de la côte qui nous mènera jusqu'à Portofino. Vous est-il déjà arrivé de tenter d'accéder à une ville dans laquelle il est impossible de pénétrer sans se taper, à toute heure du jour, une longue attente pare-chocs contre pare-chocs ? C'est d'abord ça, Portofino. Populaire à un point tel que les touristes s'y pressent sans se rendre compte qu'ils ne pourront y circuler avant une interminable attente. Ce cul-de-sac débouche sur un petit port entouré de quais où s'aligne sagement une rangée de bancs aux couleurs variées, chaque couleur délimitant le territoire d'un restaurant dont quelques chaises délinquantes empiètent toujours un peu sur la terrasse du restaurant d'à côté, tant l'enfilade est serrée. On n'a pas sitôt stationné la voiture qu'Henri repère la première boutique à la vitrine le moindrement alléchante – *because* on n'a pas encore la ceinture – et en ressort avec un nouveau chandail griffé. En fait, on ne peut pas vraiment dire qu'il en ressort puisque, au moment de payer, le vendeur revient, la *chik-a-chick* platine entre les doigts, annonçant à monsieur que la carte « ne passe pas ».

« Impossible... essayez à nouveau. »

Ça ne passe toujours pas. Je sens chez Henri un moment de panique... à moins que ce ne soit la colère devant ce gérant soupçonneux... ou bien la peur de s'être fait cloner sa carte et vider son compte, ce qui rendrait la suite du voyage plutôt inconfortable, vous en conviendrez.

Appel à la compagnie : ouf ! Constatant que des milliers de dollars s'envolaient dans tous les sens, l'administration, croyant à la possibilité d'un vol d'identité, s'était dépêchée de limiter l'accès à la carte. Il faudra tout de même qu'Henri trouve un moyen irréfutable de s'identifier, et ce désagrément tournera à l'honneur de la compagnie, qui prouvera, de façon bien inopportune tout de même, qu'on ne peut dépenser sans attirer l'attention, faisant toutefois la désagréable preuve que l'univers nous a à l'œil au moyen d'un simple numéro gravé dans du plastique !

L'envie d'être au diapason de ce lieu à la beauté sans faille nous a donné à tous deux le besoin de nous endimancher. Assis dans le petit port, devant une rangée de bateaux, tous plus somptueux les uns que les autres, nous les contemplons en imaginant à haute voix les voyages fabuleux que nous pourrions y faire si nous en avions la chance. J'opte pour la fabuleuse Grèce et approuve également le choix de l'Espagne pour Henri. Au loin, sur une estrade, une fête populaire nous gratifie d'airs italiens et de chanteurs à la voix chevrotante. Je n'ai jamais réussi à m'expliquer comment un trémolo, souvent faux mais longuement soutenu, pouvait arriver à donner l'illusion du talent chez quiconque n'en a souvent que bien peu. Il leur suffit d'avoir du souffle pour pousser la note, et ces dames de s'extasier. Mais nous ne sommes pas n'importe où, le *bel canto* de l'Italie est souvent magique malgré les fausses notes et cela suffit à insuffler une certaine noblesse à des airs qu'on pourrait en d'autres temps entendre dans n'importe quel « bar *cheap* » sans apprécier. M'enfin !!!! L'idée est de se laisser séduire par la musique et ils peuvent bien chanter tout ce qui leur plaira, l'effet est joyeux. Que demander de plus ?

On s'est choisi une terrasse sous la façade d'un immeuble aux teintes pastel délavées. Tout près, un couple dîne, accompagné d'un adorable bambin. Nous engageons la conversation et, d'office, ce couple nous prend... pour un couple. Et plus surprenant encore... un couple de comédiens ou de vedettes connus. Ils n'arrivent pas à identifier qui exactement, mais c'est ce qui se dégage de notre « aura », disent-ils. Ah, les *a priori* !

Je me surprends à me demander s'il m'est agréable d'être jugée comme étant « casée ». Moi qui préserve farouchement mon image de liberté absolue, qui m'en suis fait un *modus vivendi* au prix d'une solitude que je cultive farouchement et avec grand plaisir, j'aimerais comprendre pourquoi j'ai soudain un agacement profond à l'idée que l'on me croie « en couple ». Au Québec, je peux toujours défendre cette vieille habitude qui consiste à clamer mon éternel célibat en me disant qu'il me permet de mieux contrôler mon image, ce qui n'est pas à négliger dans le métier que j'exerce. Mais ici, loin des miens, face à de purs inconnus qui nous voient si beaux en ce coucher de soleil, dans un des ports les plus romantiques qui soient, pourquoi ai-je ce sursaut de désagrément à l'idée d'être associée à quelqu'un par des liens amoureux ? Je me rebiffe et cherche la réponse : comme si, chez une femme tout ne passait que par le couple, me dis-je. Je sens que je me rapproche un peu d'une vérité troublante, tant l'idée obsédante de vouloir paraître seule me dérange ce soir-là. Et, lentement, dans cette nuit enivrante de moiteur, commencera à poindre un constat difficile à admettre. Ce qui me dérange, c'est ce qui n'est pas. Car oui, je suis seule et triste de l'être en ces lieux romantiques ! Henri n'en est pas la cause. Il est devenu un ami et, par conséquent, je ne peux plus l'aimer. Mais, pour la première fois depuis longtemps, je regrette tous ces remparts que je me suis construits afin de m'empêcher d'être amoureuse. Il y a si longtemps que j'associe l'idée d'être deux à des plages de grande tristesse. Or en ce moment, bien à l'aise dans la bulle de bonheur que nous avons créée en choisissant cet endroit, je regrette le regard allumé, les frôlements délicieux sur ma peau des doigts d'un amant attentif et l'odeur de son parfum. Dans ce décor qui nous embrasse langoureusement, me vient comme une nostalgie de ces détails exquis qui isolent de la foule. Je m'ennuie de l'autre, quel qu'il soit. Je m'ennuie de l'amour.

Mais le spleen n'a duré qu'un quart d'heure. R'viens-en, Danielle ! Être seule aujourd'hui vaut certes mieux que d'être accompagnée par quelqu'un que tu n'aimerais pas. Regarde Henri et dis-toi qu'il donnerait cher pour être avec sa chérie en ce moment. L'appel à sa douce sera sans doute un peu plus long ce soir… et les regrets aussi ! Or il est avec toi ! *The next best thing !* Tu n'en mourras pas, bien au contraire.

La Toscane

> À Claude et à la Toscane.
> « Je ne vous oublie pas, non, jamais
> Vous êtes au creux de moi,
> Dans ma vie, dans tout ce que je fais […]
> C'est notre histoire à nous […]
> Même au bout de la terre,
> Je continue mon histoire avec vous »
>
> *Je ne vous oublie pas* (Céline Dion)

« La Toscane, la Toscane, qu'est-ce que vous avez donc tous à vous pâmer sur la Toscane ? »

Henri ne se démonte pas, mais n'en démord pas pour autant. La Toscane est notre prochaine destination. Les hommes ont parfois cette force tranquille qui leur permet d'affronter stoïquement la moindre objection, tout en te donnant l'impression qu'ils se disent intérieurement : *cause toujours mon lapin, ça te passera quand on y sera.* Je rechigne toujours un peu lorsqu'on essaie de me persuader de faire comme tout le monde. Tout le monde aime la Toscane, rêve de la Toscane donc, en principe, je devrais moi aussi apprécier. Eh bien non, chez moi, ce n'est pas comme ça que ça fonctionne. J'aime me faire surprendre, mais je préfère que ce soit par mes propres découvertes. J'ai tant lu sur la Toscane, j'en ai vu tant d'images que j'ai presque la sensation d'y avoir déjà voyagé et de n'avoir plus rien à y découvrir. J'entre donc en ces lieux un peu comme on raye sur la liste une tâche à accomplir. La route qui nous y mène n'est guère différente d'un chemin de campagne québécois, tout aussi étroite et tortueuse. Mais lentement, très lentement, une végétation nouvelle y apparaît, et je crois que c'est dans ce foisonnement que réside la surprise. On ne va pas vers la Toscane ! Elle pénètre en nous au détour du chemin et se fait tellement belle que, d'encablure en encablure, l'hypnose nous guette et le cœur soudain se met au rythme de sa vie, douce et tranquille. Une brume chargée de couleurs nouvelles mouille mes prunelles. Je me surprends à en décomposer les couleurs, ce que je ne peux m'empêcher de faire chaque fois que je me retrouve devant un paysage dont j'aimerais conserver la lumière en tentant de la reproduire en peinture. Terre d'ombre brûlée, voilà la couleur qui convient d'emblée au tapis gras du sol sur lequel s'étalent toutes les autres nuances de la végétation toscane : violet de Mars, terre de Sienne, jaune de Naples, laque de garance, bleu de Prusse pour la profondeur, et toutes les teintes de vert que la terre puisse porter. Il n'y a que le ciel qui ne change pas. Si quelques nuages zèbrent le paysage, ils s'y découpent comme des morceaux de coton joufflus égarés, sans une seule déclinaison dans leurs tons de blanc plaqués contre l'orgie de bleu au-dessus. Se vautrant comme des paresseuses, quelques balles de foin roulées en cylindres picotent d'ocre tendre des prairies sèches, pentues ou vallonnées. C'est toujours l'extase qui m'envahit devant les contours d'une parfaite élégance. Pas une image de la Toscane, malheureusement

– fût-elle rigoureusement conforme –, ne peut fidèlement retransmettre sa nature, car s'il est possible d'en restituer quelques couleurs, rarement y retrouve-t-on les musiques de son âme. Parlez-en aux peintres. Quel peintre, devant une toile parfaite, posée sur son chevalet, osera dire que son tableau est achevé ? Un tableau n'est jamais achevé. Ou il finit par l'être car, en principe, il faut bien un jour savoir y mettre la touche finale et enfin s'en départir. Mais à peine l'a-t-on accroché au mur que déjà on veut reprendre le pinceau pour y corriger une ligne et y ajouter à nouveau quelques couleurs. Tout enchante, envoûte et saisit le cœur en Toscane. J'y entre et me vautre aussitôt dans ses couleurs.

Et, en ce moment de plénitude douce, en ce lieu de grandeur presque mystique, j'aurais tout donné pour me retrouver avec mon ami le peintre Claude Théberge. Eh oui, il est comme ça parfois dans la vie des moments où tout devient compartimenté et nous amène à faire le partage des choses. Car si ce voyage est dédié à la survie de mon ami Henri, ce coin de pays ne peut lui être réservé sans restriction. Il appréciera c'est certain, mais d'une manière différente. Tandis que pour les peintres, la Toscane se livre au talent de ceux qui peuvent se saturer de son unique lumière, ce que je ne saurais faire malgré mes vingt-cinq ans d'expérience dans ce domaine. Tout cela est trop aérien pour que je m'y risque. Tout dans ce décor me confronte à mes limites : comment rendre la transparence de l'air, la danse effrénée de ses taches lumineuses, la fraîcheur de ses quelques coins d'ombre ? Il me faudrait m'entourer des grands prêtres de la couleur, et là seulement pourrais-je peut-être oser quelques touches sur la toile. Car ce sont des couleurs uniques, et aucune autre, qui sauraient décrire avec vérité la plénitude du moment. Claude, pourtant, n'était pas particulièrement rigoureux quant à l'exactitude des couleurs. Il avait son monde intérieur et, en reproduisant de mémoire la recette de ses visions, il obtenait des tons qui lui étaient propres mais qui ne représentaient pas nécessairement la réalité. Que j'aime la peinture ! Cet art représente une des facettes les plus fascinantes de l'introspection, une disposition dont on soupçonne peu à quelles profondeurs abyssales peuvent atteindre ses adeptes. Moi qui suis d'une impatience chronique, comment puis-je me laisser gagner sans retenue à des heures de peaufinage, que ce soit d'une ligne, d'une tache, d'un mélange de couleurs nouvelles, et y trouver une béatitude presque surnaturelle ? Les peintres sont à la fois des gens d'une grande naïveté et d'un grand savoir, habitués qu'ils sont à entrer dans un nirvana où le vide donne place à la vie à travers l'imaginaire et l'émotion pure. Tous sont particuliers. Tous ont une aura unique, forgée par une intense recherche de perfection, étayée par la volonté de sans cesse dépasser leurs capacités. C'est Claude qui m'a appris que l'on parvient plus facilement à entrer en contact avec Dieu – quel qu'il soit – en se laissant envahir par la peinture. Peindre, c'est un combat sans fin, un perpétuel recommencement, un duel de soi contre soi dans le ring de ses savoirs, de ses capacités et de ses impulsions. Quand, enfin saturé de solitude, seule maîtresse de son art, l'artiste parvient à s'en extirper, il arrive également qu'il devienne impatient face aux vicissitudes de ce monde et qu'il cède la place à un gros ourson mal léché, à qui l'on pardonne tout finalement, à cause de la grandeur de son talent. Claude était un de ceux-là !

Je l'ai rencontré alors que j'abordais mes vingt-six ou vingt-sept ans. Il m'avait été présenté par un ami commun, Arnaud Ratel, qui m'avait invitée chez Claude à une réception. C'était un homme magnifique, d'un charme renversant et, au premier coup d'œil, j'en étais secrètement tombée amoureuse. En m'ouvrant la porte de sa maison toute blanche, il m'a fait entrer dans un monde résolument moderne et épuré, et ce premier contact avec la nudité à l'état pur allait désormais marquer, de façon indélébile, mon goût pour cette forme d'architecture et d'esthétisme. Mais Claude était en couple à l'époque et j'étais très envieuse de sa fiancée qui avait trouvé en lui un amoureux attentif. D'ailleurs, cette réception soulignait l'anniversaire de la dame et l'ouverture officielle de leur nouvelle maison. Il avait inventé un décor rempli de ballons roses et blancs gonflés à l'hélium, ce qui m'avait semblé terriblement romantique. J'appris qu'il gagnait sa vie en création architecturale, en graphisme, en sculpture, et qu'il avait fait un long stage à Paris où il avait vécu l'époque de la bohème en atelier grâce à quelques bourses.

Mais la vie, par la suite, ne le remit plus sur ma route et je n'essayai pas d'entrer en contact avec lui. Or, si j'avais oublié la rencontre, je n'avais pas oublié l'homme. Quelque quinze ans plus tard, je reçus un carton m'invitant à assister au vernissage de celui qui, entre-temps, s'était libéré de sa fiancée et était devenu peintre à temps plein. L'anticipation du plaisir d'être à nouveau en sa présence était restée intacte. Mais en entrant dans son magnifique univers de toiles grand format, exposées près de la fontaine du Centre des affaires de Montréal, je ne pus m'empêcher de penser qu'il m'avait certainement oubliée. Or, il n'en était rien. À peine s'était-il présenté à moi que c'était reparti. Comme si on s'était laissés la veille ! Claude avait une aura époustouflante. Droit comme un *i*, les bras croisés, il se plantait à quelques pouces de ses interlocuteurs, baissait le menton et la voix – qu'il avait fort belle – et jetait sur toi le regard de ses yeux verts captivants, comme si plus rien n'existait autour. Chacune de ses courtes phrases, utilisant toujours le vouvoiement et un choix de mots flatteurs, allait directement au cœur. À son charisme naturel s'ajoutait aussi un sens de l'autodérision, un humour grinçant. Il y avait certes là les prémices d'une belle aventure à venir. Il me demanda ce soir-là mes coordonnées et me rappela le lendemain même. Illico, je lui donnai rendez-vous au Café Cherrier, tout près de son appartement qui lui servait aussi d'atelier. Debout près du bar, nous en étions à deviser sur son difficile métier quand il me confia qu'il était également muraliste, ce qui est rare au Québec. Comprendre par là qu'il pouvait reproduire une œuvre sur un mur de la taille d'un immeuble. Les demandes pour ce genre de travail se comptaient évidemment sur les doigts d'une main. En fait, la seule en planification à ce moment-là était celle qui devait être créée pour le théâtre Le Capitole de Québec, dans l'immeuble qui était en rénovation, et pour laquelle il avait posé sa candidature sans jamais recevoir de réponse.

« Ça a dû être attribué, mais je ne sais pas qui a remporté le contrat. C'est très politisé, ces décisions-là.

Québec, après tout, est une ville très "protectionniste" dans ses structures d'attributions. Ils ne voudront pas prendre quelqu'un de Montréal. Mais que ce soit ici ou là, pour être considéré il faut faire partie d'une certaine chapelle, et je n'en suis pas. »

C'est le genre de conversation qui m'a toujours titillée. Jamais je n'envisage les problèmes comme une barrière en raison des difficultés qu'ils représentent, mais bien comme une incitation à trouver les moyens de les contourner. Ma devise a toujours été : essaie ! Et si ça ne marche pas, essaie plus tard ! Je savais que le Capitole appartenait à l'époque à Guy Cloutier. Or je connaissais Guy depuis le début de ma carrière à l'âge de seize ans. Grâce à lui, j'avais fait une tournée qui m'avait amenée, avec Pierre Lalonde et la troupe de Jeunesse d'aujourd'hui, à chanter pendant tout un été sur les scènes et dans les arénas du Québec. Guy était le promoteur de la tournée et il est par la suite devenu un ami.

« Que me donneriez-vous, Claude, si je réussissais à vous faire avoir le contrat pour la murale ?

— Impossible. Je vous ai dit que c'était une décision politique !

— Oui mais encore… je peux toujours essayer. Et le pire qui puisse arriver, c'est qu'on me dise non ! »

Silencieux, une pointe d'ironie accrochée à la pupille, il m'a longuement regardée avec ses magnifiques yeux émeraude dans lesquels je lisais : que c'est beau de rêver à votre âge !… pour finalement ajouter :

« Je vous donne ce que je donnerais à une galerie. »

J'avais bien sûr mon plan en tête. Rien n'était plus simple pour moi que de rejoindre Guy. La conversation s'étirait, plaisante, quand soudain, regardant vers l'entrée, mes yeux se mirent à fixer un nouvel arrivant. Seigneur, que la vie est surprenante! Je me retourne vers Claude et lui répète:

« Claude, je vous le demande à nouveau : m'autorisez-vous à vous représenter pour la murale du Capitole et combien me donnez-vous ? »

Toujours aussi sceptique, il me répondit la même chose.

« Topez dans ma main ! »

Il le fit. Je le quittai sur-le-champ en lui disant : « Attendez-moi quelques secondes », et je me dirigeai vers le nouvel arrivant, qui n'était autre que Guy Cloutier !

La rencontre fut brève ce jour-là. Et comme dans le dénouement de tout beau conte de fées, quelques mois plus tard, j'étais invitée à assister à l'ouverture du Capitole ainsi qu'à l'inauguration de la murale au bras de Claude. Je n'ai jamais réclamé mon dû. De toute façon, les peintres sont souvent payés des « misères », sous prétexte que la visibilité de leurs œuvres dans des endroits stratégiques constitue déjà un magnifique palier de publicité. Ce qui est vrai et faux à la fois. Si on glorifia et parla de l'œuvre à maintes reprises, Claude ne peignit pas plus de murale par la suite. Pourtant, celle du théâtre était fabuleuse. Mais l'espoir de vivre de leur art est tenace chez les peintres et donne à ces créateurs une résilience face aux conventions monétaires qui est souvent à leur désavantage, tandis qu'éclate indécemment l'impudence de ceux qui font des offres en sachant fort bien que l'artiste n'a parfois que ça pour se faire valoir.

Je flirtais donc sporadiquement avec mon beau peintre, apprenant à le connaître un peu plus. On devint amis et je ne le quittai plus. Une année, à l'époque du temps des Fêtes, il m'avait invitée à l'accompagner à Percé où il avait une petite maison de bardeaux bleu-gris sur le cap Blanc, celui-là même qui forme le premier pic de l'anse de la ville. C'est là également que le phare, dès la brunante, balaie les environs de ses langoureux faisceaux. Nous étions partis en train, réservant deux « roomettes » si petites qu'il fallait, une fois couché, mettre pied dans le corridor et relever sa couchette si l'on désirait aller aux toilettes. Au cours de ce voyage qui prend tout de même près de quatorze heures, mon système de chauffage décida de rendre l'âme en pleine nuit. Je gelais littéralement. Je sortis donc du compartiment à la recherche d'un employé qui puisse remédier au problème et remarquai, de ce fait, qu'il était près de 3 heures du matin et que Claude n'était pas dans sa chambrette située en face de la mienne. Inquiète, je décidai d'aller à sa rencontre en parcourant le train en entier si ça s'avérait nécessaire. Je le retrouvai, assis au bar-restaurant, en train de crayonner sur une large feuille blanche le visage du balayeur. Il m'accueillit comme si tout était normal et me dit :

« J'avais envie d'un verre de vin. Or le bar était fermé. La seule façon de l'ouvrir était de lui offrir ce dessin. Je ne m'endormais pas. »

Je me demande si le balayeur a jamais soupçonné la valeur de son portrait.

C'est à ce moment que j'ai appris qu'en sa présence il me faudrait vivre de nuit, ce qui ne me gênait pas le moins du monde puisque je ne dors généralement que cinq heures. Par contre, j'aime me lever tôt, ce qui n'est définitivement pas son rythme à lui. Mais quand vient le temps de plaire, on s'ajuste à l'autre. Ça sera, me suis-je dit, donnant donnant.

Dès la première journée du périple, Percé m'a frappée par sa beauté à couper le souffle, encore plus saisissante en hiver qu'en été. Il faut dire cependant que, toutes saisons confondues, j'ai toujours préféré l'hiver. Sur sa ligne d'horizon, là où commence le ciel, s'échappe en volutes spectrales une orgie de blancs brumeux à peine grisonnants. Dessous, les vaguelettes d'une eau noire pointent quelquefois, atténuées par les reflets d'un ciel qui les maîtrise et les domine. Au centre, puissante et souveraine, éclate la tache ocre du rocher légendaire, immense, comme une nef qui fendrait la lumière et la neige pour t'arriver direct au cœur. De tous mes voyages au Canada, jamais je n'ai rien vu d'aussi beau, ne serait-ce le même paysage inondé de fleurs sous le plein soleil d'été. J'y reviendrai souvent.

C'est là, en compagnie d'amis charmants, enveloppée par la douceur des gens de la Gaspésie – un pays en soi – que j'ai découvert le bonheur de plaisanter comme eux, de façon légère et moqueuse. Et, en cette période du temps des Fêtes, j'allais également rencontrer France, la fille de Claude, son ami et... l'ancienne femme de Claude. Les longues soirées en visite à l'auberge Le Rouge Homard en compagnie des Guité se passaient à jouer au jeu du dictionnaire. Tout était léger : le temps, l'esprit et l'air. Décidément, l'homme me plaisait.

De retour à Montréal, je le vis de plus en plus et découvris aussi sa personnalité : il avait tout un caractère ! J'appris vite qu'il fallait deviner à quelle heure l'appeler et accepter, quelle que soit l'heure, que cela ne puisse pas faire son affaire. Le jour était dédié à la peinture et, quand le téléphone le dérangeait, tu avais intérêt à avoir quelques sujets susceptibles de l'intéresser sinon tu te faisais dire : « Mais dis donc, Danielle, tu ne sais pas que l'on ne dérange pas un peintre quand il est en pleine production ? » Sauf que je n'avais aucun moyen de savoir quand survenaient ces moments de grâce. Je rencontrais souvent le *Hulk* en lui, et je n'étais pas la seule. Au début, je m'en offusquais, puis, à la fin, lui raccrochais le téléphone au nez. Il me rappelait pour me dire tout doucement que ce n'était pas poli d'avoir fait ça, oubliant sa brusquerie première mais, plus curieux que fâché, me demandait tout de même la raison de mon appel. Et comme ses heures de création étaient variables et pouvaient passer sans préavis du matin à la nuit, j'avais souvent droit à toute une panoplie de récriminations. Je finis par comprendre qu'il valait mieux éviter de le déranger et attendis désormais ses appels, ce qui calma la bête jusqu'à ce qu'un jour il fasse déborder le vase.

Nous étions en plein hiver. Il devait être 3 heures du matin. Le téléphone sonna alors que je dormais profondément sous l'effet des médicaments, car j'avais une grippe carabinée, de la fièvre, et je désirais au moins dormir la nuit.

« Danielle, c'est Claude. Imagine-toi, il m'est arrivé une chose invraisemblable. J'ai eu la visite de mon galeriste de Québec. On était à discuter comme ça, puis il s'est fâché, on s'est disputé et il a décidé de partir. Je l'ai suivi jusqu'à son camion, garé dans l'allée derrière l'atelier, parce qu'il y avait certaines de mes toiles que je voulais reprendre. Il a ouvert les portes arrière, m'a dit de prendre mes choses puis, dans un moment de rage, alors que je prenais ma dernière toile, il a accéléré pour partir. Les portes du camion se sont refermées et l'une d'entre elles m'a assommé. Je suis tombé sans connaissance dans la neige. Une chance qu'un passant m'a vu par terre, j'aurais pu mourir gelé. Mais là j'ai une longue entaille qui me fait tout le front, je vais être défiguré. Ça saigne beaucoup. Qu'est-ce que je peux faire ?

— Te rendre à l'hôpital et te faire faire des points de suture, Claude.

— J'ai pu arrêter les saignements, mais je ne veux pas qu'on me recouse comme ça juste pour fermer la plaie. Ça ne peut pas se faire par n'importe qui. C'est grave, c'est au visage…

— C'est ouvert sur quelle longueur ?

— Trois pouces au-dessus de l'arcade sourcilière.

— Bon, j'arrive…

— Non, ne te déplace pas, mais crois-tu que ce matin je pourrais rencontrer plus facilement un bon chirurgien esthétique ?

— Je vais m'en occuper. Je vais téléphoner à mon ami Jean-François Mercier et voir s'il peut te prendre à l'ouverture de son cabinet. Ça risque d'être tôt, ça ne te dérange pas ? »

À la première heure ce matin-là, j'appelle donc Jean-François qui me dit : « Amenez-vous vers les 9 heures. » Puis j'appelle Claude pour le réveiller et lui dire qu'on le recevrait dans l'heure. Malgré ma fièvre, rapidement habillée et sans déjeuner, je me dirige vers chez lui pour le mener à la clinique, bien que j'habite passablement loin, tandis que l'appartement de Claude est à peine à trois coins de rue de là.

À mon arrivée, sensible à son humeur matinale et prise d'une impulsion soudaine, je décide de l'appeler d'abord au téléphone depuis ma voiture, pour lui signifier ma présence et lui dire de prendre son temps car malgré mes dix minutes d'avance j'étais bien garée et pouvais l'attendre devant chez lui.

Devinez ce qu'il me répondit!

« Mais, Danielle, c'est pas poli, ça. Savais-tu qu'il est tout aussi impoli de se présenter avant l'heure que d'arriver en retard ? »

Je n'ai dit mot, mais c'est à ce moment précis que j'ai décidé de ne pas donner suite à ce flirt qui aurait pu évoluer vers quelque chose de plus sérieux. Libre, je décidai de le fréquenter sans jamais m'engager, excellente décision pour la santé de mon cœur. Il me demanda bien en mariage une dizaine de fois, et même à quelques mois de sa mort, mais c'était son *modus operandi*. Il était peut-être épris de moi, mais même ses flirts passagers avaient droit à la « grande demande ». Au fond, c'était sa façon de nous prouver son attachement, sinon de déployer une forme d'engagement. Sa fille me répéta souvent qu'elle aurait souhaité que notre relation se prolonge. Ma vision du « couple idéal » était celle d'une grande liberté, jamais ma présence n'aurait entravé l'artiste. Quoi qu'il en soit, il aimait en chaque femme de sa vie quelque chose de différent, mais c'était surtout la passion, le respect et l'admiration que sa position d'artiste talentueux faisait naître en nos yeux qui le captivaient. Comme s'il n'avait que ces regards pour s'évaluer auprès des autres. Malgré son âme à la sagesse infinie, il avait besoin, dans ses moments de doute, de cet appui inconditionnel sur lequel s'appuyaient ses choix amoureux. Chez lui, devant l'éternelle bouteille de vin, nous devisions jusqu'à 2 ou 3 heures du matin. Invariablement, il prenait un petit calepin où il m'écrivait de courtes phrases amoureuses accompagnées de dessins charmants. J'ai tout gardé. Ce qu'il m'a donné de plus précieux est cependant l'envie de devenir peintre moi-même, mais il était intraitable quant à la façon d'y parvenir et m'enjoignait chaque jour de tout stopper pour m'y mettre à temps plein. Selon lui, il y avait un seul moyen de reconnaître à la peinture ses lettres de noblesse et ce ne pouvait être qu'en s'y consacrant totalement. Mais tant que j'ai des dettes et personne pour m'aider à les payer, il m'est difficile d'accéder à cette philosophie. Si je m'étais astreinte plus tôt à l'idée de vivre de ma peinture, les choses seraient sûrement différentes, mais pour l'instant...

Faute de connaître les contraintes du métier, peu de gens respectent la peinture à sa juste valeur. On apprécie bien sûr l'ouvrage fini, tout en s'imaginant que le talent suffit amplement pour arriver à pondre des chefs-d'œuvre à l'infini, comme si l'inspiration, chez l'artiste, était une intarissable disposition de l'esprit. Ainsi, c'est sans gêne et sans pudeur que les organismes de collecte de fonds réclament la donation de toiles, sans songer aux trente ou quarante heures de labeur consacrées à leur réalisation, comme si ce temps, parce que plus agréable, était d'une tout autre nature que celui investi dans un travail de bureau, par exemple. Sans compter que, flairant la bonne affaire, les « généreux acheteurs » n'offriront que très rarement un montant équivalant à la valeur réelle de la toile, quel que soit le but caritatif de la vente. Dès lors circulera sur le marché une œuvre authentique, dévaluée, ce qui est injuste pour ceux qui en auront payé le plein prix lors d'une vente régulière. Il m'est même déjà arrivé d'avoir ainsi cédé une toile à un organisme qui, la trouvant belle et sous prétexte de ne jamais en recueillir la valeur réelle aux enchères, l'avait gardée pour orner les murs de ses bureaux. Une autre de mes toiles a ainsi été achetée à moitié prix par un galeriste qui s'est dépêché de la revendre dans sa galerie au prix réel, en empochant évidemment le fruit de mon labeur et de ma générosité. Et pour comble, il avait en plus perçu un reçu fiscal, puisqu'à l'époque c'était l'acheteur qui recevait le reçu pour don de charité et non l'artiste, même si c'était lui qui donnait l'œuvre. De sorte qu'aujourd'hui je n'en donne que parcimonieusement, ayant bien peu de temps pour la production, voire pour mes propres expositions.

Acheter une toile d'un peintre, c'est acheter en même temps tout son passé. Un peintre dont j'oublie le nom avait répondu, alors qu'on lui demandait combien de temps il avait mis à réaliser une œuvre quelconque : trente ans ! À ce chapitre, le parcours de Claude Théberge est exceptionnel. Entré très jeune à l'École du Louvre grâce aux bons offices d'un mécène, il avait vécu douze ans en Europe, peaufinant l'art du non figuratif et l'intégration de la peinture hors les murs des musées. De retour au Québec, devant gagner sa vie, le graphisme et l'architecture permirent des rentrées d'argent plus intéressantes. C'est ainsi qu'il a conçu la fontaine, aujourd'hui en projet de démolition par la ville, qui agrémentait le parc Viger bien avant que l'autoroute Ville-Marie ne vienne la coincer, de façon aérienne, sur le toit de son tunnel creusé juste en dessous. Claude fut aussi responsable du recouvrement des murs du tunnel Louis-Hippolyte-Lafontaine et il fit ériger les lampadaires sculptés et les murales de céramique qui se retrouvent dans les stations de métro Vanier, Rosemont et Papineau. Polyvalent, il est aussi le créateur du chemin de croix et des vitraux de la cathédrale de Gaspé.

Je vous raconte tout ça pour en arriver à ce que je considère comme l'un des plus grands scandales de l'histoire de la peinture au Québec. J'explique les faits : comme tout peintre qui veut pouvoir vivre de son art et qui doit passer par la renommée d'une galerie crédible pour faire connaître et respecter son nom, Claude avait accordé à une galerie l'exclusivité de la distribution de certaines de ses toiles ainsi que de la reproduction de ces dernières pour en faire des lithographies. Et comme tout doit se faire selon les règles, il avait signé un contrat cédant ce droit à la galerie, moyennant rémunération sur les ventes. Rien d'autre n'était spécifié : première erreur ! Mais qui pouvait prédire l'avenir et l'avènement de ces nouveaux procédés qui allaient révolutionner la notion même de droit d'auteur ? Est donc apparue une nouvelle technique d'entoilage consistant à décoller la couleur d'une litho et à la recoller sur une toile véritable. Pratique que le galeriste s'empressa d'adopter, car les gains obtenus par l'impression sur toile étaient largement plus intéressants que ceux obtenus par l'impression de lithos. Évidemment, on ne mentionna rien à Claude qui aurait vivement critiqué ce procédé par lequel une toile de 5 000 dollars, par exemple, devenait accessible à n'importe quel acheteur pour un montant approximatif de 500 à 800 dollars, d'autant plus que la qualité de reproduction sur toile donnait fortement l'impression qu'il s'agissait d'une toile véritable. Imaginez la tête de celui qui, ayant fait l'acquisition d'une œuvre au plein tarif, la reconnaît plus tard entoilée à une fraction de ce prix. Dans le cas d'une litho, ce genre de confusion eût été impossible. C'est moi qui fus la première à donner l'alerte. J'appelai Claude d'un restaurant de la Rive-Sud pour lui dire :

« J'ai bien dû rencontrer l'un de tes plus grands *fans*, il a une dizaine de tes toiles accrochées aux murs de son restaurant. »

Surpris, il me demanda si je pouvais avoir le nom du collectionneur, car jamais on ne lui avait commandé ou acheté dix toiles pour un restaurant.

« Tu es sûre qu'il ne s'agit pas de lithos, Danielle ?
— Impossible, c'est sur toile. Je les ai touchées. »

Perplexe et me croyant dans l'erreur, il oublia la conversation jusqu'à ce qu'une seconde personne, à Québec cette fois, lui fasse mention de la prolifération de ses œuvres, ce qui finit par éveiller ses soupçons.

Sautons quelques étapes. Qu'il suffise de savoir que Claude, remontant la filière de l'origine des ventes, se retrouva avec l'adresse de son galeriste. Il y envoya alors un ami serviable qui, prétextant un achat important, posa toutes les questions susceptibles de dévoiler les caractéristiques de ce nouveau procédé de reproduction, particulièrement efficace pour les œuvres en « à plat » comme celles de Claude, par opposition aux peintures avec relief, car les monticules de peinture ainsi reproduits ne peuvent rendre l'effet des trois dimensions. La technique permettait en effet de prélever les encres d'une affiche pour les reproduire sur une toile, laissant l'affiche blanche. Face à la mauvaise foi du commerçant, il obtint une perquisition judiciaire et constata qu'on avait accumulé dans un entrepôt pour quelques milliers de dollars de marchandise, lithos et entoilages, sans jamais lui en avoir fait mention. Parmi ces lithos, il retrouva des falsifications de signatures, voire des œuvres dont le titrage, écrit à la main, n'était pas le bon. Armé de toutes ces preuves, qu'il me montra d'ailleurs, il décida d'intenter un procès en bonne et due forme afin de saisir le matériel, procès qu'il remporta haut la main. Malheureusement, la partie adverse se pourvut en appel et la cause se rendit jusqu'à la Cour suprême du Canada, où Claude, cette fois, perdit dans un verdict de quatre juges contre trois. La raison invoquée étant que « l'affiche originale continue d'exister dans l'œuvre fixée à nouveau, donc qu'il n'y a aucune multiplication et que la lithographie en changeant de support n'est pas détruite et reste l'élément premier de l'œuvre originale » que l'artiste a consenti à distribuer. Que le galeriste puisse faire des profits triples sans en avertir l'artiste qui, jusque-là, n'avait rien touché des commissions reliées à cette nouvelle disposition n'a pas eu l'heur d'alerter les juges.

Un tel jugement escamote le caractère sacré et unique de l'œuvre. Le droit d'auteur devrait demeurer un lien inaliénable, s'il en est un, et la cession des droits de reproduction ne devrait être autorisée que par l'auteur – quel que soit le support – tant l'œuvre émane sans contredit de son créateur. Et pourtant, Claude eut à vivre douloureusement un verdict sans fondement de justice, de la part d'un groupe d'hommes et de femmes qui auraient pu tout au moins faire preuve de considération et de compassion. S'il est vrai que, dans ce procès, tout repose sur des éléments dont la terminologie est délicate, et sur la limite des faits avancés, il ne devrait pas être exclu dans certains cas de faire appel au « beau gros bon sens » pour qu'il y ait justement « apparence de justice ». Bref, on est loin de la reconnaissance des créateurs, voire de l'art.

Claude aurait pu envisager de reprendre le procès, mais une facture de 120 000 dollars a définitivement mis fin à ses prétentions et à ses envies de bataille. La banqueroute guettait ses vieux jours... et a fini par le rattraper, d'ailleurs. Pourtant l'honneur, la reconnaissance et la dignité étaient les raisons premières de la démarche de Claude. De pouvoir arriver à gagner sa vie et à payer ses comptes avec son métier n'étaient que des avantages secondaires. Mais essayez d'expliquer ça à un juge, d'autant plus que les résultats d'un tel procès ne pouvaient que soutenir les prétentions à l'impunité de ceux qui l'avaient intenté, et rapporter encore plus d'argent à ceux qui n'avaient pour seul talent que d'exploiter celui d'autrui. Il était évident que la décision d'imprimer ses tableaux à outrance ne pouvait avoir d'autre but que de profiter d'un nouveau filon, sans égard pour l'homme et ses créations.

Cela dit, Claude « n'était pas un cadeau », comme on dit au Québec, et encore moins facile d'approche.

Devait-il son caractère irascible à tant d'incompréhension ? Il se dégageait de lui une force tranquille, magique, sauf quand il entrait dans ses colères dévastatrices, d'une violence verbale cinglante. Claude pouvait détruire en une phrase des années d'amitié. Mais trois verres de vin plus tard, on redevenait, grâce aux pirouettes linguistiques qui faisaient son charme, comme « cul et chemise »… jusqu'à la prochaine chicane, qui n'aurait rien de banal, car tout suivait une courbe dramatique, dans ses amitiés comme dans ses amours. Il en avait besoin. Sa vie n'étant faite que de peinture et d'isolement, on aurait dit qu'il avait perdu le mode d'emploi de la saine cohabitation. Il fallait donc, pour ne pas titiller sa susceptibilité, deviner ce qui lui serait acceptable ou non, que ce soit dans notre façon de faire ou de penser. Et la gamme des possibilités d'erreurs était vaste ! Il était toutefois important de savoir qu'une once d'humour et un sens de la dérision pouvaient désarmer les plus grosses crises en deux secondes. C'est donc l'option que j'avais adoptée pour ne pas être tentée de lui labourer la figure de mes griffes de façon régulière.

    J'ai d'ailleurs failli le tuer un jour. Enfin, presque. Nous étions en plein été, dans sa merveilleuse maison du Cap-Blanc en Gaspésie. Petites vacances durant lesquelles il avait prétendu ne pas avoir envie de peindre. Mais les vacances comportent pour moi autre chose que d'errer d'une terrasse à l'autre en buvant et en devisant. Marcher dans la nature, pique-niquer sous un arbre, marcher dans la mer, que voilà de belles vacances ! J'étais lève-tôt, lui pas. Il se levait invariablement de mauvaise humeur. Le jus d'orange pouvait alors être trop chaud ou trop froid. J'avais droit à une remarque du genre : « Qu'est-ce qui te fait croire que j'ai envie de manger tout de suite en me levant ? Pourquoi être allée chercher le journal ? On aurait pu le prendre plus tard quand on ira au village. » Bref, il me cherchait. Mais un jour, une fois de trop, il dépassa les bornes. Il était 17 heures, c'était l'heure de l'apéro et je décidai de mettre un peu de musique classique, celle qu'il préférait. Il éclata : « Qu'est-ce qui te fait croire que je veux entendre du bruit, et que tu puisses aussi choisir la musique que j'ai envie d'entendre ? Je suis chez moi, ici. Tu ne trouves pas que tu aurais pu me le demander ? Tu es en visite, c'est la moindre des politesses. »

Furieuse, je lui ai sauté à la gorge. Il était assis dans un fauteuil de rotin aux pattes glissantes et rigides, je saisis les revers de sa chemise et, sans m'en apercevoir dans ma colère, je le traînai dans toute la maison, zébrant son plancher peint en bleu de marques rouges, révélant ainsi la peinture d'origine du plancher. Je lui dis que je prenais l'avion le lendemain pour rentrer à Montréal et que jamais plus je ne lui permettrais de me parler ainsi. Je m'enfermai dans ma chambre, fis mes valises et attendis le lendemain pour le réveiller et l'obliger à me conduire à l'aéroport. Ce qu'il fit en essayant de tourner la situation à son avantage. J'avais dit que je ne lui parlerais pas et j'étais résolue à tenir ma promesse. Dès qu'il me déposa, il sortit de l'aérogare furieux, prit sa voiture, fit le tour du stationnement, revint vers moi et hurla : « Je t'aime, Danielle Ouimet. Veux-tu m'épouser ? » Les gens nous regardaient ahuris. Il n'y aurait pas de conclusion à cette belle histoire d'amour. Il n'était pas question qu'il gagne. Bien plus que ça : je me permettais enfin de m'aimer, moi, davantage. J'ai pris l'avion.

Allez savoir comment, nous sommes redevenus amis... probablement lors d'un vernissage. Il s'approcha en me traitant affectueusement de tigresse. Il se moqua des traces rouge « sang » que mon « affection » avait gravées sur son plancher bleu et ridiculisa mes travers autant que les siens, se désolant de la perte de mon amour pour me réclamer au moins l'amitié. Une amitié, en fait, qui se révéla plus intense que notre relation amoureuse. Tigresse, je le devins encore davantage envers tous ceux qui voulurent le décrier, le critiquer. Il appelait, j'accourais, car aucune conversation, aucun moment en sa présence n'était banal. Ce qui lui plaisait en moi, c'était ma spontanéité, mes convictions, ma délinquance, je présume. J'étais plus disponible envers lui en amitié que je ne l'aurais été en amour. Habitée par ce nouveau sentiment, toujours désireuse de ne jamais le déranger dans un possible moment de création, il m'arrivait, lorsque j'avais peint une nouvelle toile, de la transporter dans ma voiture, d'aller sous les fenêtres de son appartement-atelier de la rue Saint-Hubert, de l'appeler sur mon portable et de lui dire : « Regarde dehors deux secondes, j'ai une surprise à te faire »... et de me tenir au milieu de la rue, les bras tendus, avec ma toile, en direction du troisième étage où trônait son atelier.

« Monte, Danielle, je veux voir ça de plus près. » C'était toujours le commencement de soirées mémorables. Dès l'arrivée, son parfum m'accueillait en premier. Qu'est-ce qu'il sentait bon ! Jamais je n'ai pu invoquer son souvenir sans évoquer d'abord l'odeur de son eau de toilette. J'adorais lui faire la bise, prendre son visage entre mes mains, conserver entre mes doigts ce parfum de citron et de lavande, unique et envoûtant, qui me permettrait plus tard, en rentrant chez moi, d'avoir un peu l'impression de le ramener avec moi. Un verre de vin, puis deux, on parlait des nouvelles du jour, des opinions émises à la radio de Radio-Canada – seule station qu'il jugeait digne d'écoute –, d'un article, d'une réflexion ou d'une trouvaille, des propos de Lysiane Gagnon, de Foglia, de Piché et de tous ceux du *Devoir*. Il était souvent question de la vie et de la mort, de Dieu donc. Et de ses amours récentes, à ses dires, jamais complètes, jamais de qualité, jamais satisfaisantes, quoique indispensables à son ego. J'empruntais parfois ses crayons-feutres, nous dessinions tous deux sur de petits cartons qui partout jonchaient ses tables, en devisant, toujours assis près de l'obligatoire bouquet de fleurs fraîches qu'il changeait selon la saison ou selon ses humeurs. Il aimait tellement les fleurs que j'en avais dessiné un gros bouquet partout sur les manches et le dos du sarrau blanc dont il se couvrait pour peindre. Il insista pour que je signe et porta mon œuvre pendant longtemps. Un jour que j'étais en visite, seule dans sa maison du Cap, je lui chipai la plus petite de ses toiles vierges et, pour la première fois, peignis à l'acrylique les fleurs qui ornaient le tour de sa maison. Plus habituée à maîtriser l'huile, je dois admettre que le résultat de cette première tentative était plutôt naïf et maladroit. Mais le fait que le tableau ait été peint chez lui lui plut, et il le ramena à Montréal le jour où il eut la certitude qu'il ne reviendrait plus souvent à Percé.

Je ne l'ai pas vu vieillir, cet homme si merveilleux. En fait, si le voyage de son corps vers la vieillesse s'est fait du jour au lendemain, jamais il ne fut vieux dans l'âme. Je le croyais éternel. La création, le talent ne peuvent mourir. Il savait, lui, qu'il n'en avait plus pour très longtemps. Un premier cancer, plus de quinze ans auparavant, l'avait laissé avec une alvéole en moins au poumon. Du jour au lendemain, il avait cessé de fumer, devenant despotique envers tous ceux qui fumaient en sa présence. Pourtant, il avait été, avant le diagnostic, pire qu'un chef de la Gestapo à l'égard de ceux qui désiraient restreindre l'usage de la cigarette, sous prétexte qu'au nom de la liberté et du libre choix on ne devrait pas se permettre de dire aux gens comment ruiner ou ne pas ruiner leur vie.

C'était un être de paradoxe. Si Claude ne s'attendait jamais à la reconnaissance d'autrui envers son art, n'en concevant pas la nécessité hors du processus de la parade amoureuse, il lui était pourtant arrivé de traiter d'inculte celui qui lui en exprimait, en lui demandant pourquoi il ne l'avait pas fait avant. Il fallait passer outre. Par ailleurs, il n'avait pas de mal à démontrer sa reconnaissance envers autrui. Un jour où je mentionnais que mon amie Lisette Lapointe m'avait demandé d'organiser avec elle et des amies une fête surprise pour les soixante-dix ans de son mari, Jacques Parizeau, il m'offrit de peindre une toile et de la lui donner en cadeau en gage de son admiration pour l'homme et ses convictions politiques. Il me consulta quant au sujet qui pourrait convenir et je lui racontai que le couple venait de s'acheter un vignoble à Collioure en France et qu'une toile dépeignant ce coin de pays serait tout à fait appropriée. Il me chargea de demander des photos à Lisette et en conçut la plus belle des représentations en peignant son image au premier plan, face au vignoble et à la mer. Quand je la leur remis, ils la trouvèrent tous deux tellement magique qu'ils demandèrent à Claude s'ils pouvaient la reproduire sur l'étiquette de leur vin. Ce qui fut fait. Claude en était bien fier.

Mais la maladie revint, les colères devinrent plus rares, il s'assagit. Ça non plus, je ne l'avais pas vu venir. « Mon » Claude mis K.-O., maîtrisé à nouveau par le cancer. De retour d'une conférence que j'étais allée donner à Fairmont tout près du Labrador, alors que je prenais mes messages par téléphone en attendant mes valises à l'aéroport, j'entendis la voix de Claude me dire : « Bonjour, mon ange. Où es-tu allée encore ? » Claude croyait que les plus beaux voyages se faisaient face à une toile et en soi, nulle part ailleurs. Il ne comprenait pas le bonheur que je ressentais à me déplacer sous d'autres cieux.

« Viens me voir avant que je ne meure. J'ai bien envie de te voir. »

Le ton était calme, résolu. Une bouffée de peine immense m'envahit. Pas Claude ! Non, pas lui ! Pas maintenant ! Le souffle court, je composais illico son numéro et lui dis que j'allais le voir tout de suite si cela ne le dérangeait pas trop. J'arrivai au nouvel appartement de la rue Sherbrooke où il avait emménagé depuis peu et trouvai la maison pleine d'amis venus le visiter, lui acheter des toiles ou le saluer. Sa fille répondait au téléphone. Son archiviste, qui était aussi un ami indéfectible, mettait la main au tri de ses œuvres sous ses dernières recommandations. Son assistante préparait les repas. J'étais en état de panique et essayais de ne pas trop le montrer. Dès mon arrivée, il me gratifia d'un large sourire me lançant : « Je suis comme Dali, je reçois au lit. Viens m'y mener. » J'ai dû lui donner une marchette pour guider ses pas, tout petits, tout craintifs, jusqu'à sa chambre. Je lui fis remarquer que même ses oreillers, verts, jaunes et rouges reflétaient sa coquetterie et son besoin de couleurs. Je pris des photos de nous deux, collés l'un contre l'autre, main dans la main. Il était heureux à l'idée que ces photos le montrent au lit avec une femme… et pas n'importe laquelle, souligna-t-il. Il me montra du doigt la petite toile que j'avais peinte à Percé, posée sur l'étagère du couloir, à portée de vue, histoire de me rappeler galamment que j'étais toujours avec lui. En quittant l'appartement, je ne pus m'empêcher de penser qu'il répéterait le même exercice d'adieu avec toutes les femmes qu'il avait appréciées dans sa vie, nous réservant dans son cœur une case unique et indissociable, un amour différent pour chacune de nous. À moi pourtant, il confiait les nuances affectives de son cœur : « Celle-là plus que l'autre, et l'autre moins qu'elle ne le prétend », me disait-il. Pourtant quand je les rencontrais, chacune se croyait unique et haut placée dans son estime. Ainsi n'ai-je jamais pu véritablement évaluer ma propre place, sachant aussi combien il pouvait éreinter mon souvenir quand des bouffées de rage obscurcissaient son âme. Mais une chose demeure : je l'ai fréquenté égoïstement, recevant chaque leçon de son savoir comme un cadeau, le lui rendant avec toute la force de ma reconnaissance. Et je peux certes affirmer avoir pour ma part exercé jusqu'au bout l'art de l'amitié et de la reconnaissance. M'en fous si ça n'a pas été entièrement partagé. Par moments, oui, je sais que le sentiment était là, mais Claude était un être libre, immensément libre, et plutôt que de nous rendre malheureuses de cet état essentiel à sa survie, il préférait nous abreuver d'attentions vraies dans l'instant, mais qui ne se poursuivaient pas nécessairement jusqu'au lendemain. Chacune y trouvait son compte. Même moi qui, pourtant, devinais tout de lui. Le jour où je pris mes distances, je me fis le plus beau cadeau. En lui retirant le besoin de devoir prouver son attachement, j'accréditais sa liberté, lui donnant alors pleine latitude pour me reconquérir encore et encore. Il ne s'en priva pas. Il a dû, bien sûr, en perte de pouvoir, me casser à l'occasion du sucre sur le dos, mais je sais par son entourage qu'il avait toujours un sourire et quelques bons mots à l'évocation de mon nom. Je l'aime et l'aimerai toujours. Il est mort sans m'avoir reparlé, ayant fait volontairement ses adieux au moment où j'étais allée le voir. À la fin de la cérémonie, on nous remit à chacun un parapluie sur lequel étaient représentées certaines de ses œuvres. C'est donc dans une mer d'images bleues, les siennes, étalées sous le soleil qu'il sortit de l'église. Que je l'ai trouvé beau, à ce moment-là, d'avoir refusé de nous quitter dans la tristesse. L'as-tu trouvé, ton Dieu ? Te berce-t-il comme tu as bercé mon âme si souvent ? Et si c'est vrai qu'IL existe, tout n'est pas perdu, car on se reverra bientôt. Alors je L'aimerai pour vrai car, pour le moment, je Le déteste d'avoir permis ta mort et de m'avoir privé de ta vie. Il fait si froid hors de ton souvenir. Hors de toi, de tes yeux et de ton rire. Tes colères, ta voix, ton odeur, tes invraisemblances, tes excès, ton talent, tes couleurs, tes silences me manquent, autant que tes coups de gueule, ton vin… tu me manques, TOI ! Et je Le remercie aussi de t'avoir mis sur ma route, ça me donne un peu l'impression qu'Il puisse exister après tout ! Tu m'as si souvent dit que ce serait dommage si Dieu n'existait pas. Ma seule consolation s'il faut en trouver une à ton départ, c'est que toi tu sais maintenant. Moi pas.

Et toi, Henri, assis silencieusement devant moi, si raisonnable dans nos conversations portant sur tes amours, quelle a été ta plus belle extase ? As-tu su aimer à en perdre le souffle ? À qui penses-tu quand vient le temps de parler du bonheur ? Est-ce que tout a changé de valeur le jour où l'on t'a dit que peut-être ta route s'arrêterait là, si la maladie progressait ? Redécouvres-tu des regrets enfouis dans ta tête qui n'auraient peut-être jamais existé, n'eût été le rappel à l'ordre de la brièveté de la vie ? Existe-t-il des gestes réparateurs ou vaut-il mieux se dire que les erreurs font partie d'un apprentissage obligatoire et que de s'accorder le pardon nous permet d'accéder à une meilleure façon de vivre ? Comment se fait-il que, te connaissant depuis si longtemps et t'aimant sans restriction, je n'arrive pas à deviner les arcanes de ton cœur ? Est-il suffisant de se côtoyer sans jamais vraiment se connaître pour tout de même s'aimer tendrement ? Sais-tu combien tu es cher à mon cœur et que, malheureusement, je ne saurai jamais comment te le dire ? Mais je suis là, face au moindre de tes désirs : on tourne à droite ? Oui, Henri, on tourne à droite si cela te plaît. Car chaque moment de ce que tu veux vivre maintenant est précieux et je fais miens tes bonheurs sans avoir besoin de revendiquer les miens. Je veux faire « un » avec toi en ce moment, bien au-delà de ce qu'ils appellent l'amour. « Ma belle face ! », comme tu me rends heureuse !

Carrare

« J'aurais voulu être un artiste,
Pour pouvoir faire mon numéro »
Le Blues du businessman (Luc Plamondon)

On ne pouvait imaginer matinée plus parfaite que celle-là. Souvent mes amis Italiens de Montréal, se souvenant de leur pays, me parlent de leur village et des gens qui y habitent : la fontaine, le marché, la vieille *nonna*, cette grand-mère veuve, tout de noir vêtue qui habite maintenant avec ses enfants, les petits-cousins venus d'un autre village et les interminables repas où se succèdent les spécialités de chaque région. Bien sûr, on y parlera politique, du prochain mariage et du dernier décès de la famille. Mais, invariablement, lorsque je cherche à savoir ce qui leur manque le plus, ils me parlent du climat. S'installe d'abord un silence, puis la voix, nostalgique et d'autant plus belle, se met à parler avec douceur du temps qu'il faisait au pays. Et dans leurs yeux une moiteur blanchâtre rappelle chacun des légers nuages flottant sur leur terre.

C'est aussi le silence dans la voiture. Henri pense sans doute à nouveau à sa blonde, ou à la vie en général. D'une main, je retiens sur mes genoux la carte routière, mollement agitée par le vent et qui nous indique la direction à suivre jusqu'à Pise. Je me demande parfois pourquoi Henri choisit les destinations les plus connues, négligeant les petits villages de l'intérieur qui nous donneraient sans doute un meilleur aperçu des gens et des lieux de la contrée. Inutile de chercher longtemps : il est possible, quand on passe si près de la mort, que l'urgence de vivre et le temps qui abrège les heures rendent toutes les images glanées dans les livres et les brochures comme un relais de trophées picturaux à acquérir. Pas question, au moment du départ, de devoir faire face à cette constatation désolante qui vous ferait dire : « Eh, que j'aurais donc dû ! » J'imagine facilement qu'en pleine santé il aurait été plus réceptif à la vie de l'habitant, alors que cette compulsion à cocher sur la liste une destination après l'autre, avec son côté *« been-there-done that »*, lui donne sans doute l'étourdissante illusion d'avoir tout vu avant le moment fatal. Et c'est très bien comme ça.

    La légère hypnose de la route laisse flotter sur mes lèvres un sourire béat, que n'explique rien d'autre que l'euphorie d'être portée par un moment sans fausse note. Tout ça me fait planer jusqu'à ce qu'au loin une tache blanche sur ce qui semble être une montagne retienne soudain mon attention. Qu'est-ce que ça peut bien être ? Une montagne couverte de neige ? Impossible : on est trop loin de la frontière suisse. La tache est d'une blancheur saisissante. On s'en approche sans qu'elle nous livre son secret. Puis soudain me vient l'idée fulgurante que cette pâleur ne peut être que celle de la carrière de marbre de Carrare. Frétillante, excitée comme une puce à la vue du pelage d'un caniche, je veux absolument m'arrêter car, comme le confirme la carte, il s'agit bien de Carrare. Henri ne comprend pas mon émoi. Une carrière de pierre !!!

« Mais enfin, Danielle, je t'emmènerai à Asbestos en rentrant si tu veux. »

Lorsque je lui explique que c'est là même que Michel-Ange a choisi le marbre ayant servi à sculpter son *David*, il s'enthousiasme à son tour et ce sont deux puces sautillantes qui s'affairent à trouver la route pour s'y rendre. Nous sommes presque seuls sur le site grandiose de Carrare. Coupée en pans verticaux vertigineux, la carrière se revêt soudain de douceur grâce à des vallons creusés dans le roc qui se succèdent comme autant de barrières à franchir. On se sent happé par la montagne et surpris des découvertes qu'on y fait à chaque détour du sentier. Réfléchie d'une paroi à l'autre, grâce à la brillance du soleil ardent, la blancheur du site est irréelle. Tout au fond de la carrière, des camions vont et viennent. Ils nous semblent minuscules tant les gorges sont profondes. Je veux rapporter un morceau de cette transparence opaline qui est la « chair » de Carrare. Et pour donner suite à l'idée, on déniche une petite boutique : le prix des marbres y est exorbitant, mais j'aurai au moins la certitude de leur provenance. La voiture ne sera qu'un peu plus lourde de tous ces souvenirs. Un musée sur la route attire notre attention. Nous nous attendons à y retrouver quelques merveilles de la Renaissance, mais nous devons nous contenter de grossières répliques. Par contre, quelques admirables pièces modernes me laissent imaginer le travail titanesque nécessaire pour apprivoiser cette résistante et noble matière. De chaque objet se dégagent une finesse et une luminosité uniques.

Si j'exclus les musées, je n'avais auparavant jamais pu voir autant de merveilles rassemblées en un seul lieu que dans le salon d'un condo de vingt pièces, à New York. Histoire rocambolesque s'il en est. Je m'y étais retrouvée en 1975, grâce à un ami avocat qui avait jugé que ma carrière au cinéma aurait besoin d'appui si je voulais gravir les échelons ardus de la compétition américaine. Le nom du propriétaire de l'appartement en question semblait sorti tout droit d'une télésérie à l'eau de rose, de sorte que j'avais tout d'abord cru à un canular : il s'appelait Huntingdon Hartford et c'était un personnage assez spécial. Il était né dans une famille très riche, son grand père ayant détenu le monopole de la distribution du thé aux États-Unis à la fin du XIXe siècle. Son père et ses trois frères avaient fondé et dirigeaient les seize mille supermarchés américains de la chaîne A & P. Huntingdon avait fait ses études à Harvard, mais il avait quitté l'université sans le dire à sa mère – elle l'avait élevé seule après la mort prématurée de son père – pour aller travailler dans la chaîne alimentaire appartenant maintenant à ses oncles. Or, bien qu'on lui ait confié une tâche relativement simple, celle des achats pour le rayon de la pâtisserie, il réussit à se faire mettre à la porte pour incompétence. Mais qu'à cela ne tienne, il avait hérité de son père une fortune colossale qui lui rapportait, déjà à l'âge de six ans, une rente annuelle de 1,5 million de dollars et il hérita plus tard de ses oncles, décédés sans descendance. L'oisiveté fut la mère de tous ses vices car, ayant tout reçu sans effort, il se contenta, grâce à son argent et convaincu qu'il suffisait d'en avoir pour réussir, de prendre des risques immenses en entreprenant des projets extravagants dont il se lassait facilement et qu'il laissait tomber sans pour autant retenir la leçon qu'auraient dû lui enseigner les pertes subies. Indifférent à l'image peu positive qui se dégageait de ces entreprises infructueuses, il se donna désormais comme mission de se bâtir sur mesure une image de mécène en devenant une espèce d'arbitre de la culture sans jamais en avoir étudié les rudiments. Il n'aimait que le rococo et le clinquant, faisait quelque exception pour le classicisme des anciens et dénonçait le modernisme – sauf celui de quelques rares rescapés comme Dali – en tant que source de toutes les laideurs. Ajoutez à ça un physique tout à fait dandy, une envie de briller qui lui faisait fréquenter les plus belles femmes d'Hollywood, dont Lana Turner, Doris Duke et Gene Tierney. Il pouvait être d'une grande inconvenance, proférant sans gêne des déclarations irrespectueuses sur les idoles de l'heure, certain de l'impunité que lui conférait sa fortune. Il avait un jour publiquement qualifié Marilyn Monroe de « femme trop ambitieuse pour ses qualités » et de « pute de grand luxe », alors qu'il l'avait elle aussi courtisée. Atteint de mégalomanie, il insistait pour que presque toutes ses entreprises portent son nom : un musée, un théâtre (qui fut d'ailleurs le premier théâtre érigé à Los Angeles) où il avait fondé une colonie d'artistes, qu'il entretenait du reste, des restaurants, des salles de spectacle et même un complexe domiciliaire et hôtelier sur Paradise Island aux Bahamas, le Hartford Ocean Club, entièrement construit par Frank Lloyd Wright et dans lequel il engloutit 25 millions de dollars. L'homme ne manquait certes pas d'audace et de panache et il avait conçu l'idée d'y construire un stade où l'on organiserait des courses de chars comme dans l'Antiquité. Or, on ne lui accorda jamais la licence de jeu et l'entreprise se solda par un échec. Les gains rapportés par le projet domiciliaire se révélèrent insuffisants à sa survie et la propriété se revendit pour une fraction infime de l'investissement initial, soit pour un million de dollars ce qui, avouons-le, était sans doute une juste conséquence de l'impudence de Hartford.

Parlant d'excentricité, il avait demandé que le drapeau créé pour identifier le Hartford Ocean Club soit placé sur la lune par les astronautes de la mission Apollo II en symbole de la paix sur terre. Il fonda un institut de graphologie en déclarant : « Nous sommes ce que nous écrivons » et, du coup, écrivit et publia un article dans lequel il prétendait que le cancer pouvait être détecté dans l'écriture. Il se maria quatre fois, mariages d'où naquirent deux filles et deux fils, en plus d'un fils illégitime d'une maîtresse. L'un de ses petits-fils se suicida, suivant en cela les traces de sa mère, qui avait succombé à une surdose de drogue quelques années auparavant. Son premier mariage ne résista pas à ses tromperies répétées. Voulant malgré tout demeurer très proche de cette première femme qu'il avait épousé et dont il allait divorcer, il avait demandé à sa mère s'il lui serait possible de l'adopter légalement afin qu'elle puisse devenir sa sœur. Cette femme ensuite convola avec Douglas Fairbanks Jr. avec lequel elle vécut des jours heureux, loin de ce demi-fou. C'est la toute dernière femme de sa vie qui le précipita vers sa perte. En 1974, il rencontra Elaine Kay, une beauté de quarante ans sa cadette. Coiffeuse de métier, elle l'initia à la cocaïne, aux quaaludes et aux amphétamines, lui qui jusqu'alors ne buvait que du lait. Pourtant il aurait dû se méfier de la drogue depuis que sa fille, toxicomane, avait été retrouvée morte sur une plage d'Hawaii.

C'est donc dans l'appartement de cet homme que je découvris l'impressionnante collection d'objets d'art mentionnée auparavant, avant que celle-ci ne disparaisse. En effet, peu de temps avant leur divorce, en 1981, Elaine avait fait du domaine de son mari le lieu de rencontre d'une faune de paumés qui s'empressèrent de voler les tableaux, les sculptures, les tapis et divers objets précieux de l'appartement, afin de les revendre. Ayant bien campé le personnage, voici maintenant l'aventure.

Mon ami Bill, l'avocat, m'avait convaincue de laisser tomber ma visite au Metropolitan Museum of Arts où l'on exposait les trésors de Toutankhamon, qui sortaient du Caire pour la première fois, et de l'accompagner plutôt chez son ami Huntingdon. Il avait obtenu un rendez-vous avec celui-ci et insistait pour que je fasse sa connaissance, croyant qu'il pourrait m'introduire dans le milieu des producteurs de cinéma américains. J'avais déjà tourné trois ou quatre films, mais comment refuser un accès si direct ? Je me sentais pleine d'espoir en me présentant au 1, Beekman Place où Hartford occupait les treizième et quatorzième étages d'un immeuble où l'on ne pénétrait pas sans avoir montré patte blanche. L'ascenseur, exclusivement réservé au *penthouse*, m'avait grandement impressionnée. Au coup de sonnette réglementaire, une dame noire très corpulente, boudinée dans une mini-robe s'arrêtant au « ras des pâquerettes », vint nous ouvrir, m'appelant d'office « *Honey* » avec un inimitable accent du Sud et me priant de passer au salon en la suivant. Je crus que nous nous étions trompés d'adresse, mais comme mon copain ne semblait s'étonner de rien, je me dis qu'il fallait suivre la dame et attendre le reste avec confiance. Elle nous introduisit dans une pièce haute de plafond, drapée de lourdes tentures de velours vert contre un décor de bois sombre et de marbre. Mon regard tout de suite s'attarda sur les œuvres d'art. Un Corot, un Monet et un Manet trônaient bien en évidence, entourés d'une multitude de sculptures de marbre blanc posées sur des socles, toutes issues de la plus pure tradition des écoles italiennes. Un musée ! Ce qui n'était pas vraiment étonnant puisque j'allais bientôt être en présence du fondateur de la Huntington Hartford Gallery of Modern Art de New York qui était, à l'origine, dédiée à la conservation des œuvres appartenant à M. Hartford.

Mais le temps passait et personne ne se présentait. Mon ami me conseilla de patienter et, pour passer le temps, je me mis à scruter les lieux, vision pour le moins sidérante : le divan sur lequel j'étais assise était sale et comme mâchouillé dans les coins, désagrément dû, sans doute, à la présence d'un chat où d'un chien car mon pantalon noir, impeccable jusque-là, s'était couvert d'un duvet de poils divers, particulièrement tenaces vu l'électricité statique. Sur le sol, un tapis de Turquie en soie qui avait dû, à une certaine époque, être d'une splendeur inégalée était élimé au point de laisser entrevoir les lattes du parquet au-dessous. Dans les rayons de bibliothèque couvrant tous les murs, des livres rares arboraient des reliures tellement défraîchies que j'en vins à espérer que ce soit leur grand âge, plutôt que la négligence qui en soit la cause. Au bout de quinze minutes, la « nanny » revint au salon nous demander ce que nous aimerions boire car « le maître » n'était pas encore levé, malgré les 15 heures bien sonnées à l'horloge de faïence posée sur la cheminée. J'optai pour un gin soda et mon camarade fit de même. Elle revint, sans plateau, avec nos deux verres à la main. Durant sa longue marche depuis la cuisine, le déversement du ras bord de chaque verre avait détrempé la serviette de papier qui les entourait. Elle avait aussi oublié les glaçons. Elle nous informa que monsieur était sous la douche. Une demi-heure plus tard, nous étions sur le point de dégager les lieux quand il se présenta enfin. La douche, mon œil! Il puait l'alcool à plein nez. Il arriva affublé d'un maillot de corps qui avait dû jadis être blanc mais que des lavages successifs, faits par une main peu experte, avaient teint au gré des diverses couleurs de vêtements jetés en vrac dans la laveuse. Le pantalon, froissé, était de toute évidence celui qu'il avait porté la veille à une réception importante, car c'était un pantalon de smoking dont les bretelles grises lui pendouillaient sur les hanches. Il était pieds nus, les cheveux en broussaille. Il avait dû être beau à une certaine époque, me suis-je dit à prime abord, mais l'était-il encore? Comment en juger? Ce n'était pas évident avec ce que j'avais devant moi. Curieusement, il avait une voix très douce, sirupeuse même, avec vocabulaire à l'avenant, parsemé de *darling, sweetheart, love, so happy to see you* qui dénotaient une longue habitude de galanterie démodée et racoleuse. Il se laissa tomber dans son fauteuil, dont je crus voir s'élever un léger nuage de poussière. Il me dévisagea et, plaçant ses deux bras croisés en appui derrière sa tête, me demanda ce qui m'amenait dans son salon. Je me mis à lui répondre et, son long silence me laissant croire qu'il m'écoutait, je continuai mon récit jusqu'à ce que je m'aperçoive qu'il s'était endormi, sans baisser les bras. Mon copain et moi sommes restés là, pris d'un très long fou rire face à ses ronflements. Nous ne savions que faire : le réveiller, attendre qu'il le fasse seul, s'en aller… Trente minutes passèrent ainsi, jusqu'à ce qu'une voix bizarroïde, imitant à s'y méprendre celle, zézayante, des plus grands travelos des bas-fonds new-yorkais, nous fasse tous deux sursauter. Un être immense, monolithique, éléphantesque même, lui aussi habillé d'un smoking noir, entier celui-là, et décoré d'une rose jaune fanée à la boutonnière, une coulée de rimmel noir lui dégoulinant sur la joue – ce qui lui donnait vaguement l'air d'Alice Cooper sur scène –, venait lui dire qu'il avait fini la comptabilité et qu'il irait dormir un peu avant de revenir pour la réception de la soirée. Ceci réveilla notre hôte, mais à peine, et il reprit la conversation exactement là où il l'avait laissée. Il s'enquit de mon statut de vedette et me posa quelques questions sur l'industrie cinématographique au Québec. Lorsque je lui expliquai qu'elle était florissante et en plein essor grâce au film que j'y avais fait, il me demanda – ce qui m'étonna – si je connaissais beaucoup de producteurs au Canada. Il prit sur la table la photo encadrée d'une fille magnifique et très jeune, sa plus récente femme, Elaine, et me la tendit, mentionnant qu'il me serait terriblement reconnaissant si je pouvais lui trouver du travail dans le domaine du cinéma au Québec. Sur ce, il se leva et disparut. On retrouva seuls la porte de sortie et, bien évidemment, je n'en entendis plus jamais parler. Je crois que jusqu'à ce jour je n'ai pas encore compris le sens de cette rencontre pour le moins insolite.

Malheureusement pour lui, la fin de sa vie fut catastrophique. Il obtint un divorce de sa quatrième femme environ neuf ans plus tard, mais elle resta dans ses parages. Il perdit toute sa fortune ainsi qu'une dizaine de résidences partout dans le monde. Selon la rumeur, il aurait dépensé à lui seul, hormis ses tractations immobilières, plus de 400 millions de dollars en achats et investissements divers. Il trouva à se loger dans un petit *townhouse* de Manhattan, délaissé de tous ses amis jusqu'à ce que sa fille le récupère et l'emmène vivre avec elle dans les Bahamas où il mourut, le 19 mars 2008, à l'âge de quatre-vingt-dix-sept ans.

J'ai rencontré dans ma vie toutes sortes de gens, des plus simples aux plus extravagants ; des gens honnêtes et certains capables de vendre leur âme pour une poignée d'argent. J'en ai connu des miséreux, des valeureux, des désœuvrés et des paumés, certains pleins de panache, influents, grands décideurs et d'autres aussi fragiles que des oiseaux ballottés par le vent des tempêtes. Certains m'ont enseigné la vie, d'autres le plaisir d'apprendre, tandis que d'autres m'ont fait regretter d'avoir connu ne serait-ce que leur existence. Mais, quels qu'ils soient, tout est dans la manière : la bonne ou la mauvaise. Il y eut d'une part le caïd de la pègre qui, m'ayant offert sa protection, ne m'en voudra pas de l'avoir refusée en lui disant que ce que je ne demandais pas, je ne le devais pas. Et, d'autre part, l'avocat illustre et respecté qui, tout en prenant mon argent, essaya en prime de me « sauter » sans m'offrir les services juridiques pour lesquels je l'engageais et en me méprisant tout au long du procédé. Car c'est là que se nichent tous les secrets du monde : dans la manière qui transcende la parole et départage l'esprit fin de la grossièreté. Mais peut-être devrais-je ajouter que je m'efforce et vous engage à ne jamais rejeter les « messagers » que la vie met sur notre chemin en ne les jugeant qu'à la manière, qu'ils l'aient bonne ou mauvaise. Il est une leçon de vie à tirer de chacun et je m'en voudrais d'en rater une, quelle qu'elle soit.

Mais toi Henri mon complice, mon presque frère, qu'en est-il de nous deux ? Je te regarde et remercie le ciel d'avoir mis à mes côtés un ami si prévenant. Une vie différente, un parcours différent, des éducations divergentes, deux sexes opposés mais une même union de l'esprit, car « sa manière » vient de l'âme. Quelle chance de t'avoir à mes côtés !

Les Cinque Terre

« Comme une pierre que l'on jette dans l'eau vive d'un ruisseau
Et qui laisse derrière elle des milliers de ronds dans l'eau »

Les Moulins de mon cœur (Michel Legrand)

Je ne sais ce qui, dans la découverte des Cinque Terre, m'évoque les paroles de cette douce chanson, mais dès que l'on aborde la première des cinq enclaves coincées entre la montagne et la mer, on a déjà envie de connaître la suivante, comme si chacun de ces petits bourgs était, comme un rond dans l'eau, la réplique joyeuse du précédent. Lorsque nous étions enfants, ma sœur et moi, mon père nous amenait souvent au parc Belmont. J'entrais dans le labyrinthe de la maison de verre, sachant fort bien que je n'y trouverais rien d'autre à affronter que des murs vitrés et des miroirs mais, pour l'enfant que j'étais, c'était la découverte de nouveaux chemins et du moyen de m'y retrouver qui était excitante. Or, cet interminable corridor qui s'étend tout le long du littoral, et auquel on ne peut accéder que par train ou à pied par des sentiers en pentes abruptes, me donne la même sensation de fébrilité que le labyrinthe du parc Belmont. Il me faut vite avancer jusqu'au prochain village, tout voir, tout découvrir. Comme si j'allais trouver encore mieux au prochain détour. Quel endroit singulier. Imaginez une montagne de roc friable au pied léché par la mer ; contre tout aspect pratique, on a décidé d'ériger un village dans les replis de quelques crevasses, et ce, cinq fois plutôt qu'une. L'accès ne se fait pas sans peine. Toute la rudesse et la douceur de l'Italie se retrouvent dans ces maisons de pierre éblouissantes perchées en hauteur, qui sourient à une nature d'ocres et de bleus généreux, en posant sur la mer, comme des yeux grands ouverts, le regard de leurs lucarnes. Accablante, la chaleur qui s'y abat transforme chaque pierre du chemin en un tison ardent. Gare aux orteils qui sortiraient malencontreusement des sandales de plage ! Une paix intérieure, gavée de nature généreuse, descend en nous et commande le silence. Serait-ce ce qu'on appelle la communion avec la nature ?

Je continue de me demander si, au fond, je n'aurais pas dû mettre plus d'entrain, par le passé, à fréquenter mon bel Henri. Mais comme le temps fait bien les choses tout de même : plus le voyage avance et plus je sens une connivence nouvelle s'installer entre nous. Par exemple, dans ce premier village, pas d'opposition, pas d'hésitation, pas de consultation nécessaire : on sait que l'on veut tout voir et un sourire presque béat fend nos visages en permanence, confirmant tacitement qu'il n'y aura aucune volte-face quant aux directions à prendre ou de marchandage sur ce qui devrait être vu ou pas. Juste une conviction du dedans, une certitude absolue qui éclairent un parcours plus que parfait : on verra tout ! Et, en cette journée caniculaire et sans vent, commençons par une pause face à la falaise, où les embruns de la mer s'éparpillant sur les rochers en contrebas viennent parsemer la chevelure et la peau de rafraîchissantes petites gouttelettes d'eau salée.

Le souvenir des océans cendrés et froids de nos rivages canadiens nous incite encore davantage à nous vautrer dans la beauté des eaux diaphanes du littoral italien. Le « peintre du dimanche » en moi en a plein les yeux et ne peut que se nourrir encore et encore des verts tendres d'une eau qui se déverse, indisciplinée, dans des nuées de turquoise et d'indigo, pour éclater en cristaux sur une surface d'écume blanche en fin de parcours. Rien, plus que la mer, ne saurait mieux ramener son âme à mes souvenirs.

La mer... ma mère. Belle à en mourir, impétueuse, changeante, nourricière et oppressante tout à la fois.

Ma mère, ça fait dix ans qu'elle est morte. Elle a attendu toute sa vie que je lui dise que je l'aimais. Aujourd'hui, j'aimerais tant le lui avoir dit. Ce n'était pas compliqué, il me semble. Trois petits mots d'amour pour chasser les nuages gris du doute. Mais voilà, je n'ai pas su. J'ai su le faire silencieusement en me démarquant dans mon travail, dans des réalisations susceptibles de lui faire plaisir, en devenant ce qu'elle aurait voulu être au fond. Je l'ai fait en la gâtant, démesurément parfois, en le lui écrivant sur des cartes d'anniversaire, mais pas en paroles. Jamais en paroles. C'est qu'il m'aurait fallu ajouter autre chose : que je la détestais parfois autant que je l'aimais. Mais je ne pouvais pas lui dire ma rage, car on ne détruit pas l'être qui vous a mis au monde.

Je ne l'ai pas fait car elle ne le méritait pas. Elle n'a rien fait d'autre que d'être, de son mieux et à sa manière, une mère aimante et attentive. Tandis que moi, de nature plutôt impulsive, me sentant souvent coincée dans l'impossibilité d'agir, il m'est arrivé de faire certains gestes dans le seul but d'attirer l'attention sur mon désarroi. En ce sens, je le lui ai démontré de façon spectaculaire par des actions inconsidérées dont j'ignorais moi-même, dans mon inexpérience, la portée et les conséquences. J'y voyais plutôt une provocation, un déni de ce qu'on m'avait enseigné, un choix libérateur. Et pourtant... faire un enfant à dix-neuf ans ; me déshabiller dans *Valérie*, moi si prude encore aujourd'hui ; choisir un amoureux qui allait s'avérer être un trafiquant de drogue. De quel besoin d'attention étais-je habitée pour ne pas réaliser l'inconséquence de ces gestes ?

Ses enfants, cependant, ma mère les avait faits droits et obéissants, amoureux de la vérité mais incapables de s'exprimer, tant la soumission et le respect aux parents devaient passer par la suppression des emportements : nous étions incapables de protester, de nous mettre en colère, et en cela d'exercer notre sens critique. Tout devait être parfait : nous étions unis, que demander de plus ? Et que peut-on reprocher à une « maman irréprochable » ? Quatre enfants amoureux inconditionnels de leur mère et quatre frères et sœurs capables de se faire couper en rondelles plutôt que de ne pas se défendre les uns les autres, et ce, même à tort, si le besoin s'en faisait sentir. En ce sens, Lucille a bien réussi sa famille.

Mais avec l'âge, et depuis son départ, nous nous sommes mis à nous parler entre frères et sœurs. Et sans nécessairement entamer notre attachement, l'expression des douleurs – parfois profondes mais jamais exprimées auparavant – de la vie familiale, de notre enfance et de notre adolescence m'a fait réaliser qu'au fond nous restions isolés les uns des autres, chacun dans des reproches jamais formulés, toujours sublimés. Et je pèse mes mots en le disant. Je crois que c'est l'expérience de nous avoir vu évoluer et d'avoir vu grandir nos enfants qui nous a donné, avec le temps, la capacité de voir les choses plus clairement. Oui, nous sommes quatre êtres très responsables qui aurions préféré être bercés plutôt que fouettés – au sens figuré du terme bien sûr. Il me semble que nous aurions tout aussi bien réussi à faire ce que nous avions à faire et à apprendre ce que nous avions à apprendre pour grandir. Maman, du moins à moi, avait pris cette habitude de ne jamais dire que ce que je faisais était bien, croyant sans doute qu'elle aurait risqué, en me dorlotant trop, de me laisser engloutir dans le bain de la facilité. Oh évidemment, ce que je réussissais était loin d'être parfait, mais de me le laisser croire de temps à autre m'aurait peut être allégée du besoin de fournir, encore et encore, une performance sans faille. Faire « très bien » était la norme, de sorte qu'à mes yeux, et même en faisant mieux, il restait toujours « un petit peu plus » à accomplir, un pas de plus à franchir. Toute réussite s'accompagnait d'une tâche nouvelle à dépasser pour aller encore plus haut et plus loin la fois suivante. De l'obligation de ne jamais décevoir, j'ai gardé un besoin de perfection démesuré et un déni de tout compliment, même mérité. Je ne suis pas loin de penser, lorsqu'on me dit que j'ai fait du beau travail, qu'on se fout un peu de ma gueule et je cherche toujours, encore aujourd'hui, à trouver la faille. Comment aurais-je pu travailler davantage pour atteindre une dimension supérieure ? J'épuise ceux qui m'approchent et travaillent avec moi, tant mon énergie à vouloir et donner plus est intarissable. Cette faille m'a toutefois donné l'avantage de ne jamais me prendre au sérieux, de rechercher et d'appliquer une discipline – aujourd'hui en voie de disparition – à chacune de mes réalisations. J'ai ainsi appris à ne jamais tenir pour acquise la place que je me suis faite, même si elle résulte d'heures supplémentaires, de sueur et des expériences accumulées.

Le corollaire de cette discipline de fer ressortira plus tard, beaucoup plus tard cependant, sous forme de gros défauts, si l'on peut qualifier ainsi l'entêtement : on ne peut jamais me dire non. Si je crois avoir raison, « non » pour moi représente trois petites lettres absentes de mon alphabet. Même s'il est raisonnable, sensé, essentiel, le mot « non » est proscrit au chapitre de mes options. On me dira « non » aujourd'hui, cinq ans plus tard, je reviendrai à la charge, ce qu'on prendra évidemment pour une vaine obstination. Mais bon, il en faut aussi des défauts !

Donc ma mère, étant parfaite, m'a transmis le désir de la perfection. Mais je m'améliore : récemment je me suis rendu compte qu'à l'impossible nul n'est tenu. Depuis, une grande paix s'est faite en moi, et entre moi et moi-même. Mes amis me parlent avec délectation de ma nouvelle sérénité. Ils se sentent enfin moins coupables de ne pas en faire autant que moi ! L'événement ayant provoqué cet éveil a été la venue de ma première petite-fille, naissance qui a ranimé, cachée en moi, la haine de ce qu'on a réussi à faire de moi au nom d'une idéologie familiale et de convenances assassines. Car si ma mère m'a mise au monde, elle m'a tuée un peu aussi sans le savoir, croyant bien faire évidemment. Et je n'aurai pas assez du reste de ma vie pour essayer de comprendre comment l'amour peut aussi démolir, bien qu'elle m'ait si souvent répété qu'il fallait tout faire par amour. Elle l'a fait toute sa vie ! Comment pouvais-je le lui reprocher ?

À dix-neuf ans, je tombai enceinte. Vers la fin des années 1960, dans ma famille du moins, procréer sans être mariée était le pire des déshonneurs. En outre, avoir cet âge dans cette décennie, c'était s'ouvrir soudainement à une envie d'émancipation toute nouvelle : l'ère le demandait. Sauf que la maturité n'y était pas, ce qui commandait une dépendance envers ses géniteurs qui, aujourd'hui, serait concevable pour un ado de quatorze ans. L'annonce faite à ma mère déclencha un drame et rien ne fut plus important pour elle que d'exiger le secret total auprès de la famille, frères et sœur compris, puis de m'envoyer, seule, en Europe, cacher ma honte en imposant à la famille du père la tâche de m'aider à mettre au monde l'enfant de leur fils. Aux yeux de ma mère, il était plus facile à ces gens, vivant éloignés du Québec, de prétendre que leur fils s'était exilé au Canada et s'était marié en secret à Montréal, plutôt que le contraire. Et comme touche finale à l'obligation de feindre, elle m'avait prêté un jonc qui devait être ma bague de mariage. Au fond, il ne s'agissait que de déplacer le problème... Que ferait-on de l'enfant ? On avait quelques mois pour y penser, mais une évidence s'imposait : il me faudrait obligatoirement me conformer à leur bon désir car j'avais causé déjà assez de problèmes à tout le monde. À l'époque, on n'atteignait la majorité légale qu'à vingt et un ans. En attendant, on déciderait pour moi. Ma responsabilité était désormais d'épargner à tout le monde un opprobre bien mal venu. Tant pis pour moi, je n'avais qu'à bien me tenir ! La faute était grande, l'expiation se devait d'être terrible. Je restai donc cinq mois, cachée dans la famille du père de mon enfant, enfant délaissée moi-même et enceinte d'un enfant. Il serait exagéré de dire que ma « belle-famille » a « bien accepté » la situation, mais j'ai senti plus de douceur, de chaleur et de compassion chez cette « belle-mère » au caractère rude et sévère que chez ma mère qui, paniquée, m'a sacrifiée pour garder la tête haute. À mon retour, les jeux étaient faits. Pendant cinq mois, mes parents s'étaient tout de même occupés du père, lui faisant clairement comprendre qu'au retour il y aurait des obligations auxquelles il devrait faire face, dont la première serait de garder le secret. Obnubilés par leur sens du devoir et des obligations, ils firent comprendre au « fautif » que, puisque j'étais mineure, ils exerceraient jusqu'à la fin leurs droits parentaux : on caserait l'enfant jusqu'à ma majorité et, si nous choisissions ensuite de nous marier, j'aurais alors l'âge de décider de mon sort. Comme si mon bonheur avait été tributaire du seul fait d'atteindre mes vingt et un ans ! Au retour, qui se fit par New York, autre lubie de ma mère, qui craignait que l'on ne me reconnaisse à Dorval (je faisais déjà de la télévision à l'époque), on m'annonça sur place qu'on allait sevrer l'enfant de mon lait, qu'une pension avait été choisie et qu'on y déposerait mon fils dès l'arrivée.

Non seulement mes parents avaient tout décidé à ma place, mais le père, de son côté, ne disait mot et ne s'opposa à aucune décision. Il faut croire qu'il avait tacitement pris le parti de la « raison », se sentant tout comme moi culpabilisé par la colère de mes parents et par l'ampleur que ceux-ci accordaient à notre geste inconsidéré. Dans l'urgence du moment, on n'avait pas tellement le choix. Lorsqu'il devint possible de visiter mon fils à la pouponnière, je devais, chaque fois, mettre tablier, masque et gants pour l'approcher. Comment créer le lien entre nous ? Comment apprendre à devenir mère ? Plus tard, lorsqu'on le mit en pension dans une famille d'accueil, il me devint possible de le voir à l'appartement du père et de m'en occuper. Or, lorsque j'arrivais à l'appartement, le papa en sortait : je ne reconnaissais plus l'être que j'avais aimé. Sans doute profondément humilié par la soumission à laquelle on l'avait astreint en brandissant les motifs de sa culpabilité et de son manque de responsabilité face à la procréation, il se détacha de moi, qu'il ne reconnaissait plus. Et chacun alla se faire une vie dans laquelle les valeurs contrôlables du métier, de l'ambition et de la réussite allaient prendre toute la place. Je ne mis pas longtemps à réaliser que j'étais, bien qu'entourée, laissée à moi-même, sans que jamais l'on me demande mon avis sur ce que moi j'aurais voulu faire. Mes désirs n'auraient, de toute façon, pu se réaliser puisqu'on ne me donnait aucun outil pour me permettre d'y arriver. Je compris que l'autonomie viendrait par l'argent. J'allais donc en faire. Pour une fois, tout le monde serait fier de moi. Mes sentiments là-dedans ? Quels sentiments ? Ceux que j'avais n'avaient été ni reconnus ni soutenus. Je les ai donc arrachés de mon cœur à coups de dents, de jeunesse insouciante et d'envie de liberté totale, ne réalisant pas que j'entrais, pour mieux me protéger, dans un carcan qui m'isolerait de tout ce qui est important dans une vie. J'allais réaliser mon indépendance, même si je n'avais pas l'ombre d'une idée quant à la manière d'y parvenir. C'est là qu'inconsciemment j'ai haï ma mère autant que je l'ai aimée. Chacune de ses décisions, j'en conviens, avait été prise pour mon bien, pour le bien de chacun. Mais, en cours de route, elle ne s'était pas rendu compte du sacrifice auquel elle m'astreignait en me privant de mon droit le plus fondamental : celui d'aimer mon enfant, voire d'apprendre à l'aimer car, pour certaines personnes, pour moi entre autres, ce sentiment n'est pas inné. Pourtant elle, mère de quatre enfants, devait savoir bien mieux que moi que les soins en bas âge nécessitaient ma présence auprès du petit. Ma soumission, alimentée par la culpabilité, l'opprobre et la honte apportés à ma famille, tenait au fait que je me disais que maman devait avoir raison. Elle ne pouvait se tromper là-dessus. Que ferais-je sans foyer, sans argent, sans métier, sans soutien familial et maintenant sans père pour mon enfant ? On me persuada que, plus tard, tout rentrerait dans l'ordre. Je l'ai cru à un point tel, j'ai si bien réussi à m'insensibiliser, à m'oublier, qu'aujourd'hui encore il m'arrive de croire que nous avons fait pour le mieux.

 Mon fils avait trois ans lorsque son père, comme à l'habitude, l'emmena en Europe pour qu'il y passe les mois d'été. Au retour, comme toujours, il me demanda d'aller le chercher à l'aéroport. Mais cette année-là, il revint seul et m'expliqua qu'il avait laissé notre fils chez sa mère. Cet enfant avait besoin de soins, de constance, d'un point d'ancrage et cette femme remarquable qu'était sa grand-mère les lui donnait.

« Nous le reprendrons quand il aura sept ans, quand il sera temps qu'il aille à l'école. Il habitera chez moi et il me sera plus facile de lui donner une vie régulière. On ira le visiter là-bas », me dit-il. Désireuse d'endormir ma honte, ma culpabilité, sans autre solution de rechange, j'y ai cru.

Son père était professeur et il avait trouvé la solution la plus sensée, tandis que les miens niaient jusqu'à l'existence d'un problème, même si je n'habitais plus chez eux.

Entre-temps, une autre aventure, infernale celle-là, allait faire le reste. J'entrais dans cette période durant laquelle un homme, avec lequel j'étais liée et qui habitait chez moi, allait se retrouver en prison pour trafic de drogue. Je ne pourrais plus désormais voyager à ma guise. Mes avocats me certifièrent que, malgré mon ignorance profonde de l'affaire, tous les pays concernés me voudraient comme témoin à charge, le cas échéant, et que tout voyage m'exposait à une arrestation. Finis les voyages en Europe, et il n'était pas question de mêler mon enfant à ce calvaire. Mais la vie allait m'accorder une petite trêve : je le revis à l'âge de sept ans, lors de ce voyage en Europe qui m'avait été offert avec le Prix Orange, octroyé par vote journalistique à l'artiste « la plus gentille du domaine artistique ». Absolument terrorisée à l'idée de passer les frontières, je pris tout de même le risque de voyager. Je m'étais dit que les journalistes qui m'entouraient pourraient me servir de protection si jamais on tentait de m'arrêter. Par contre, je ne pus m'empêcher de révéler, lors d'une croisière en mer, à toute la faune des journalistes présents ce jour-là ce que j'aurais voulu taire à tout prix : que j'avais un enfant caché. Mission impossible : j'y avais amené mon fils. Compétition oblige, chaque journaliste détenait, photo à l'appui, une histoire juteuse que d'autres périodiques s'empresseraient de sortir avant lui à tout moment. Au retour, j'eus à contrôler vers qui irait d'abord la nouvelle. C'était pour moi la seule façon de reprendre ma vie en main face à mes parents. En les mettant devant le fait accompli, ils ne pourraient plus se soustraire à la vérité. Du moins à la face du public.

Dès lors, mon fils revint au Québec pour des visites épisodiques, mêlées à des stages d'apprentissage du hockey à l'école d'Yvan Cournoyer, jusqu'à ce que, à dix-sept ans, il décide de revenir vivre avec moi. J'avais un adulte à la maison et je n'avais jamais connu l'enfant qu'il avait été.

Il avait dix ans lorsque je lui ai annoncé que j'allais sans doute un jour donner naissance à un nouvel enfant – une fille de préférence. Je voulais ardemment connaître une vraie maternité. Il s'était figé en une colère froide.

« Je ne veux pas.
— Et pourquoi ?
— Parce que ça ne serait pas juste. Parce qu'elle serait là sans rien avoir fait et moi, je n'ai jamais eu le choix d'être ou de ne pas être auprès de toi ! »

Je mesurais pour la première fois la douleur, le vide auxquels avait dû se confronter mon fils, combien il avait pu se sentir privé de ma présence constante, de mes câlins, d'une vie dans les normes. Pourtant, son père avait épousé une femme formidable et était retourné vivre en Europe dans le même immeuble que ses parents. Circulant d'un étage à l'autre, mon fils était choyé, gâté, et rien ne me permettait de mesurer combien lui avait manqué la présence de sa mère. Je décidai donc de ne plus « faire » cette petite fille.

Entre-temps, ma sœur s'était mariée et avait eu elle-même une fille. Le jour de sa naissance, elle me présenta l'enfant, âgée d'à peine vingt minutes en me disant :

« Danielle, ta fille est née. »

Valérie était là... la vraie, la seule. J'avais ma fille, j'avais ma famille. Elle et mon fils s'aiment pratiquement comme frère et sœur. Tout était bien... jusqu'à l'arrivée de la petite. La petite ?... C'est ma petite-fille.

Mon fils s'est marié en Sicile en un endroit paradisiaque, berceau de la famille de sa femme, une splendide et talentueuse avocate désireuse de lui donner à son tour une famille, si la chose se présentait. La petite vit le jour un an plus tard.

Tout était bien... mais là, j'ai touché la perfection ! J'ignorais qu'on pouvait aimer comme ça. Ou du moins j'ignorais que « je » pouvais aimer comme ça. Je regarde ma princesse, les yeux grands ouverts sur chacune de ses découvertes, le cœur prêt à aimer sans condition celle dont les bras l'entourent. Doucement, sur la pointe des pieds, j'apprends l'enfance. Je sens sa peau, hume ses cheveux, goûte ses doigts, embrasse sa chaleur, panique à ses larmes, ris et chante à répétition la même chanson idiote, car ça l'amuse... et je hais alors profondément ma mère de m'avoir enlevé le droit de découvrir cet amour de la chair de ma chair. Je hais ses certitudes qui voulaient ignorer et faire taire mes regrets. Je hais qu'elle ait pu croire que l'honneur de sa famille puisse passer avant la vie de celle de mon fils. Je hais sa théorie selon laquelle un enfant pouvait s'adapter à l'amour de n'importe qui. Et je me hais de l'avoir crue et de ne pas avoir eu la force d'exploser et de les avoir tous quittés, partant seule par une porte dérobée avec mon fils dans son landau, comme j'avais voulu le faire en arrivant à New York. Je hais l'indolence dans laquelle je me suis laissé engourdir pour ne pas avoir mal. Peut-être aurais-je dû extirper de mon cœur – ce *no man's land* – ce confort qui m'aveuglait à l'évidence que j'aurais dû affronter : que j'aurais pu être un peu plus mère, puisque tel était mon droit, même si mon fils et moi avions dû vivre un peu moins confortablement tous les deux. Je hais plus que jamais cette femme que j'idolâtre, que j'adore, ma mère, mon double et mon bourreau. Et sa présence me manque cruellement.

Je me souviens d'un amant que j'ai beaucoup aimé pour sa sagesse. Les dispositions de Pierre pour le bonheur étaient d'une rare qualité. Tout passait par la recherche de la sérénité et je me rappellerai toute ma vie des conversations que nous avions quand il me voyait malmener ma mère en pensée ou en paroles. Rien de bien grave, mais il m'arrivait de dire à ma mère abruptement de me laisser tranquille, de cesser de me culpabiliser ou de me dire quoi faire de ma vie.

« J'ai perdu ma mère quand j'avais sept ans, Danielle, me disait-il. Tu ne peux pas t'imaginer la chance que tu as d'en avoir une présente et attentive. Elle ne cherche que ton bonheur et le sien en ta présence. Elle est si fière. »

Et j'avais honte.

Ces mots me faisaient d'autant plus mal que j'aurais pu la rendre heureuse simplement en lui disant : je t'aime, et que je le savais. Aujourd'hui encore, je n'arrive pas à m'expliquer comment j'ai pu renoncer à mon identité propre en me laissant lentement asphyxier par ce cordon ombilical mental, toujours bien arrimé entre nous. Je ne peux voir aucune autre raison qui m'ait forcée à agir de la sorte envers elle. C'était comme un élan naturel à la contredire qui resurgissait du plus profond de moi.

Et maintenant, je n'aurais pas davantage de mots pour lui faire comprendre ma douleur, douleur dont je ne me rendais même pas compte, tant je l'avais enrobée de « raison ». Mais j'aimerais lui mettre ma petite-fille entre les bras et lui dire : vois ce que tu m'as enlevé. Nous aurions pleuré et alors aurait peut-être pu commencer un temps de communion entre nous. Et avec lui, le temps du pardon. J'ai dû le faire seule, ce pardon. Mais... je l'ai fait, et maintenant que je suis vraiment séparée de ma mère. Je suis enfin adulte.

Henri me sort de mes rêveries.

« *Andiamo*, Danielle ! Allons-y. »

On a une bonne route à faire pour visiter les Cinque Terre et le parcours entre les villages par les falaises représente sept heures de marche. Par contre, la possibilité de pouvoir faire le même parcours en train – et en une petite heure – transforme notre bel enthousiasme pédestre en une tentation immédiate de confort. On prendra le train et jamais ne nous quittera cette suprême euphorie qui nous habite. Quel plaisir que de fouiner dans chaque crique, d'escalader chaque escalier nous menant au sommet des tours érigées dans les villages ; de déguster, abrutie de soleil malgré mon petit chapeau de paille, l'apéro sur une chaise bancale, peinte de couleur vive, les pieds posés sur le dos d'un chat faisant sa sieste étalé sur un filet de pêche. C'est drôle. J'ai l'impression qu'Henri a un peu oublié sa blonde. Est-ce que je rêve ?

Florence

« Parlez-moi de Florence
Et de la Renaissance,
Parlez-moi de Bramante,
Et de l'enfer de Dante »

Florence (extrait de *Notre-Dame de Paris*, Luc Plamondon, Richard Cocciante)

Que j'aime la petite musique qui danse sur chacune des lettres de ce nom : Florence. J'avais, il y a longtemps, joué un rôle dans le téléthéâtre *Florence*, de Marcel Dubé, à Radio-Canada et je m'étais alors promis que, si un jour je mettais une fille au monde, c'est ainsi que je la prénommerais. Florence ou Ilona. Je suis donc conquise à l'avance et me sens fondre comme une guimauve dans la chaleur de cette ville aux accents d'une si belle rondeur. Mais c'est pourtant à Florence que je piquerai l'une des plus belles crises de nerfs de ma vie. L'événement a beau remonter à cinq ans, mon cœur palpite encore de rage au souvenir de ceux qui ont réussi à me mettre dans un tel état et à imaginer comment j'aimerais leur régler leur compte. Nous étions sur la Piazza del Duomo où nous attendions, fébriles, le moment de pénétrer dans la splendide et surprenante Basilica Santa Maria del Fiore, lorsque j'ai dû rechercher un guichet pour échanger de l'argent. Trouvant un bureau Forexchange accolé à la cathédrale, je tends mon passeport et 700 dollars canadiens au guichetier. On me demande de signer un papier scellant prétendument la transaction. Je m'exécute, mais non sans vérifier, avant de le rendre, le montant qui y est inscrit et qui doit m'être remis. Il y a erreur, semble-t-il. Le document indique qu'on doit me remettre 285,30 euros, montant dont le guichetier confirme l'exactitude. Après un bref calcul, j'insiste qu'il y a erreur et demande à vérifier le taux de change affiché au tableau électronique : si celui du dollar américain est bien en vue et n'est pas contesté, on m'explique que le taux du dollar canadien fluctue d'heure en heure et qu'on ne peut s'y fier. De toute façon, il n'est pas affiché. Quant au montant de la commission retenue, il est inscrit à la main sur un petit bout de papier, collé au bas du tableau avec du ruban adhésif : 17,9 % (soit 125,30 dollars) plus les frais d'administration de 1,90 euro (3,25 dollars) !... moins le change. Renversée, je lui exprime tous mes regrets et lui demande de me redonner mes dollars. Mais, sous prétexte que j'ai déjà signé la copie scellant la transaction et qu'elle a été enregistrée à la caisse électronique, on m'affirme qu'il est trop tard. J'insiste que tout peut s'annuler, mais on refuse de me rendre mon passeport. Je menace de déchirer le papier qu'on m'a tendu et qui confirme ma signature et leur explique qu'ils ne pourront plus alors effectuer la transaction. Ce faisant, je n'aurai cependant plus la preuve du montant remis. Beau nœud gordien ! Le guichetier s'entête et refuse à nouveau de me rendre mon passeport, qu'il ne me remettra qu'en échange du reçu signé, bien entendu. J'aperçois des *carabinieri* à portée de voix, je les appelle et essaie de mon mieux dans un jargon combinant l'anglais, le français et l'italien de leur expliquer que j'exige que l'on me remette mon passeport et mon argent. Les agents demandent à voir le papier, me disent qu'il est signé et que je ne peux plus m'en sortir. Absolument convaincue d'être dans mon droit, têtue, lèvres pincées, regard meurtrier, je les fais patienter plus d'une heure ! Excédés, les agents de change « tournent au vert », tandis que les *carabinieri* essaient de me raisonner. Je suis outrée de les voir prêts à accorder leur bénédiction à de tels arnaqueurs, résolus à me priver du montant que je leur ai confié et à ne m'en remettre, à leur bon vouloir, que des restes amputés d'un taux de change et de frais carrément rapaces. Henri, de son côté, se promène de long en large et refuse de se mêler à mes revendications. Entre-temps, j'avise haut et fort toute personne qui s'approche des guichets de leurs frais de change usuraires, ce qui les fait promptement rebrousser chemin. Les guichetiers ne trouvent plus cela très amusant, mais ils ont le meilleur bout du bâton puisqu'ils détiennent encore mon passeport. Je menace de les accuser de vol de document officiel, les *carabinieri* me supplient de leur redonner le reçu signé… Finalement, par pitié pour Henri, qui, patiemment, vient de perdre un temps précieux à m'écouter argumenter et qui m'offre de me donner la différence pour en finir avec l'affaire – ce qu'évidemment je n'accepte pas –, j'abandonne. Mais je vous le jure, n'eût été que moi, j'y serais encore !

Est-ce défaut ou qualité : ma haine de l'injustice est telle que je suis prête à m'immoler sur bien des bûchers plutôt que de me soumettre. Je me suis toujours demandé d'où me venait cette perte de contrôle de mes émotions et de mes actes dès que l'on fait subir, que ce soit à moi-même, aux miens ou à de purs inconnus dont je me serais prise d'affection, ce que je perçois comme de l'abus. Une rage sourde, une envie de tout démolir et de me perdre dans une violence tout à fait irraisonnée s'empare de mon être et me laisse pantelante et surprise par l'intensité du sentiment. Je n'irais pas jusqu'à frapper, mais tout casser autour de moi… ça oui ! Fort heureusement, ces sentiments extrêmes se sont beaucoup calmés avec l'âge, mais pas suffisamment pour qu'en période de crise, et même après avoir respiré longuement par le nez, l'iris et le blanc de mon œil me donnent l'impression de se mettre à tourbillonner en une spirale vertigineuse, tandis que je cherche dans mon cerveau la façon dont je pourrais appliquer les pires représailles à l'abuseur. Je ne lâche jamais le morceau, peu importe l'heure, le mois où l'année de retour du balancier. Fort heureusement, le temps a passé. Si je cherchais auparavant à défendre la veuve, l'orphelin et la famille au complet, je me contente aujourd'hui d'attendre. La vie est ainsi faite que je n'ai plus à provoquer le dénouement de la crise, car j'ai remarqué que ceux-là mêmes qui avaient été à l'origine de celle-ci ont tendance à réapparaître dans ma vie, ayant souvent besoin d'aide à leur tour. Serait-ce ce qu'on appelle le karma ? Fais le mal et il te sera rendu ! Dès lors, je peux savourer leur déchéance éventuelle et me payer le luxe de ne rien entreprendre même – et surtout – si un seul geste de ma part aurait le pouvoir de tout arranger. Se venger systématiquement ? Ameuter l'entourage ? Éclater publiquement dans le but de tourmenter ? Ce serait donner trop d'importance à des gens qui ne le méritent pas. Par contre, dénoncer l'infamie quand l'occasion survient ne représente qu'un juste retour des choses. Pour ce qui est de ce bureau de change, par exemple, je me suis appliquée chaque fois que l'occasion s'en est présentée à bien avertir les voyageurs de se tenir loin de Forexchange. Et, comme vous pouvez le constater... je ne rate pas une occasion !

Et pourtant, je ne pourrais dire que les sentiments de vengeance et de rancune fassent partie de ma nature. Je suis ce qu'on appelle « une bonne pâte » et peux facilement tout pardonner, sauf l'injustice. Je pardonne trop même, me disent certaines de mes amies. J'oublie tout et trop peut-être, sauf lorsqu'une situation implique le pouvoir du gros sur le petit et l'utilisation d'une force excessive, consciemment utilisée pour dominer l'autre.

Tout cela remonte sans doute à ces temps, heureusement révolus, où j'ai dû, pour réussir dans mon métier, accepter sans me plaindre nombre de concessions abusives. J'ai toutefois rapidement appris à en comprendre les mécanismes et réussi à m'en sortir mieux que la plupart des autres filles. Il faut dire que j'ai, très jeune, fait l'apprentissage d'un métier pour lequel il n'existait à l'époque ni guides ni antécédents, puisque la télévision avait presque fait son apparition en même temps que mon envie de faire partie de son monde. Preuve à l'appui : mes premières émissions ont été diffusées en noir et blanc ! C'était une époque où se pressaient au portillon tous ceux désireux de se faire voir à la télé, souvent plus par jeu que par intérêt pour le métier. Il n'y a qu'à songer à la manne de jolies filles, de mannequins, de chanteuses sans expérience et à l'ambition démesurée, en attente de leur moment de gloire, et vous comprendrez l'ampleur du pouvoir dont était investi le moindre réalisateur susceptible de leur en faire miroiter la promesse. L'abus n'était pas automatique mais tentant en diable, surtout si la jeune fille était plus ambitieuse que les autres, plus ouverte à la provocation, et si sa morale, pour les besoins de la cause, se permettait d'accuser quelques ratés. Mais bien plus que les réalisateurs, toute une faune de producteurs, d'agents d'artistes de tout acabit allait apparaître et, sous prétexte de connaître les détenteurs du pouvoir, faire signer des contrats aliénants, ahurissants d'injustice et visant à contrôler le moindre aspect de leur carrière, à ceux et celles prêts à s'y risquer dans l'espoir de réaliser leur rêve. Pas tous évidemment mais, pendant longtemps, quelques-uns ont fait un tort immense au métier. Je pense à quelques biographies récentes : celles de Nanette, de Renée Martel, de Nathalie Simard, de Marie-Chantal Toupin, pour ne nommer que celles-là, et à toutes les poursuites judiciaires entreprises par des chanteuses, comédiennes ou artistes de variété dénonçant, entre autres sévices, des viols systématiques. Je ne sais comment aborder le sujet sans trop vous estomaquer, d'autant plus que je peux affirmer que ce que le public sait ne représente que la pointe de l'iceberg.

Avec le début du Mouvement de libération des femmes, nous, les femmes, étions convaincues que nous allions non seulement faire cette nouvelle révolution, mais aussi réussir à la faire accepter rapidement. Nous allions obtenir des postes aussi importants et aussi bien rémunérés que ceux des hommes ; nous allions nous permettre une ambition aussi démesurée que la leur ; la pilule allait nous donner le droit au plaisir consenti et réciproque. C'était l'ère des revendications, des rébellions, et s'il arrivait que l'on ne sache trop de quoi, pourquoi et contre quoi, l'essentiel était de faire bouger les choses et de pouvoir dire que le changement venait de nous. Nous avions un énorme besoin de reconnaissance, et l'absence d'une ligne directrice nous a parfois bien mal fait véhiculer le message ou calculer le prix à payer pour obtenir cette reconnaissance. S'était installée, avec la révolution sexuelle – deuxième champ de bataille de ces années charnières –, une espèce de frénésie malsaine devant cette nouvelle liberté qui s'appelait la réussite. En résulta une promiscuité qui, de façon contradictoire pour qui croit se défaire des vieux carcans, laissait le champ libre à tous les abus de pouvoir, surtout face à une femme ambitieuse désirant changer ou améliorer son destin. Je peux affirmer que nous avons toutes plus ou moins été violentées dans les années 1960 à 1980. Tant au moral qu'au physique.

Les hommes, fermés à nos revendications, déstabilisés par notre détermination à obtenir notre nouveau statut de femmes libérées, n'ont retenu bien sûr que ce qui faisait leur affaire. Ils ont véritablement cru que cette nouvelle ouverture sexuelle était totale, de sorte que le moindre refus était perçu comme une provocation à leur égard. L'expression « Elle, elle veut ! »

sous-entendait tout le mépris ressenti face à nos envies de progrès les plus légitimes. Le fait de « vouloir » aurait signifié que nous ferions n'importe quoi pour arriver à nos fins. Certaines se sont débattues farouchement. D'autres, cependant ont cédé à cette manière de penser dans laquelle se retrouvaient toutes les vieilles inégalités. Certaines sont devenues des stars, d'autres d'éternelles abusées. Tout dépendait de la force de caractère et de l'amour-propre de chacune ; de sa détermination à vouloir accéder à plus mais en y accédant lentement – ce qui était beaucoup plus difficile que de réclamer des privilèges immédiats ; de son éducation ; du soutien véritable de gens sérieux et de la capacité à faire la part entre ces derniers et les faux jetons ; de la force de tout reprendre en main et de faire confiance à nouveau après avoir fait fausse route, de savoir par exemple comment faire une pirouette pour désamorcer les situations désagréables sans briser des ponts parfois essentiels. Mais ce qu'il fallait surtout, c'était un talent véritable. Car tout le reste ne pouvait faire vivre que l'éphémère. Pour ma part, j'ai vite compris que de jouer les mijaurées ne faisait qu'attiser la demande. S'étaler dans un trop grand libertinage aurait attiré l'attention un certain temps, jusqu'à ce qu'une « nouvelle volontaire » plus délurée vienne prendre la place. Puisqu'il fallait user de subterfuges, j'ai choisi de devenir « l'amie attentive », du moins de prime abord. Lorsqu'un travail était convoité, l'idée était d'entretenir les espoirs de l'autre et d'imposer lentement son talent, puis de se retirer à temps si le producteur jugeait celui-ci insuffisant ou incomplet. Seule une véritable facilité à vite apprendre le métier et à le maîtriser pouvait t'isoler de la masse et t'accorder une place au panthéon de tes rêves... L'ambition, elle, était exploitable.

Déjà, à seize ans, Janette Bertrand m'avait acceptée à un concours, dans le cadre de l'émission *Jeunesse d'aujourd'hui*, visant à illustrer une jeunesse studieuse et idéale. À l'émission, j'avais rencontré Pierre Lalonde, qui m'avait tout de suite prévenue des possibles rencontres avec les « gros méchants loups ». L'étaient-ils tous ? Oh que non ! Mais il y en avait certes plus que moins. Du moins c'est ainsi que j'interprétai le message.

« Danielle, ne fais pas ce métier, tu n'y arriveras pas. Tu n'es ni chanteuse ni animatrice, et tu ne l'as jamais été. De plus, les plus belles places sont prises car tu n'es ni la maîtresse ni la femme d'un réalisateur ou d'un directeur, et tous les autres vont vouloir coucher avec toi en te promettant du travail que tu n'obtiendras pas. »

Je ne l'ai pas écouté, mais je lui dois tout de même cette précieuse mise en garde, que je ne compris que plus tard. J'aimais Pierre démesurément. J'avais seize ans ! Et je n'aurais voulu d'aucune façon justifier de sa part un reproche qui l'eût éloigné de moi. Bien que je me sois fait un point d'honneur de ne jamais me soumettre, le temps fit bien les choses, me permettant d'apprendre le métier auprès de gens compétents et probes, ce qui joua en ma faveur. Longtemps après que mes amours avec Pierre ne furent plus devenues qu'un souvenir, je conservai toujours la leçon qu'il ne fallait pas coucher pour obtenir « la récompense », ce que je n'ai jamais eu à faire en dépit de prétentions à l'effet contraire, formulées à mon égard. Je ne dis pas que je ne me suis pas permis quelques libertés, il n'est pas exclu de tomber amoureuse à la longue d'un homme qui s'occupe de toi et qui tombe amoureux à son tour, mais jamais avant. Et surtout jamais « pour » ou « à cause de ».

Durant cette ère de grandes contraintes, une telle attitude de contrôle abusif était courante, et j'ai connu des tas de filles bourrées de talent auxquelles il manquait les crocs ou les griffes pour arriver à se défendre. Il fallait apprendre à jouer avec ces hommes investis de pouvoirs et à atteindre notre but avec détermination et sans concessions. Cela fait, nous avions droit à un respect relatif. Pour vous donner une image plus simple : il fallait jouer à devenir « la carotte au bout de la perche ». Si la perche était trop longue, l'intérêt s'épuisait et les abuseurs se détournaient vers une récompense plus facile à obtenir.

À force de désamorcer les situations hasardeuses et de tendre vers une certaine complicité, sans expression de jugement réprobateur, je compris par pur instinct qu'il y avait un avantage à obtenir non seulement la confiance et les confidences de tous ces mâles, mais aussi une certaine considération qui ne fit que confirmer ma position. Et j'en ai entendu des vertes et des pas mûres ! J'ai entre autres en mémoire une anecdote concernant un restaurant du centre-ville où certains coins de la salle étaient réservés aux « gâteries sous la table ». Une importante clientèle de Radio-Canada s'y retrouvait quotidiennement puisque l'endroit était tout juste à côté. On m'avait confié que « l'exemple » avait été donné par la propriétaire des lieux qui, une fois la gâterie consommée, se servait un petit verre de chartreuse. Ainsi, les initiés n'avaient aucun doute quant à ce qui venait de se passer. Je pense aussi à cette jeune aspirante qui, lors d'une audition pour un message publicitaire au profit d'une marque de café (travail qu'elle n'obtint pas, d'ailleurs), s'était retrouvée entièrement nue devant les caméras du Canal 10 (ancien nom de TVA)... c'est du moins ce que l'on m'a raconté. Sans que ce soit la norme, le summum du plaisir de ces voyeurs était évidemment de supputer, lors de longues « conversations entre gars », et devant moi à l'occasion, sur le nombre de filles à qui on pourrait faire faire la même chose, dans les mêmes circonstances. Essayait-on de me provoquer en exagérant ? De toute évidence, on prenait plaisir à s'enorgueillir de ces exploits, vrais ou faux. L'équipe tenait d'ailleurs une espèce de tableau de pointage des réalisateurs ou producteurs susceptibles d'être les plus habiles en la matière. Il existait de plus, au 10, un système de récompense pour les techniciens, très apprécié par certains. En manque d'espace avant l'agrandissement des studios, on avait improvisé des loges faites de larges morceaux de tissu beige tendus sur des armatures de bois. Les techniciens les plus « méritants » avaient droit à une visite du système d'éclairage du studio qui, bien sûr, surplombait ces loges sans toit. C'est Claude Blanchard qui me fit part de cette confidence quelques années plus tard. J'ai dû sans le savoir être l'objet de certaines de ces explorations, car j'étais une « régulière » à l'émission de Claude.

À mes débuts dans le métier, j'avais obtenu le poste d'hôtesse d'un jeu-quiz et, si le réalisateur était impeccable à mon égard (en fait, tous ceux avec qui j'ai véritablement travaillé l'ont été), je me souviens de l'animateur qui, juste avant le début de l'enregistrement, alors que nous étions confinés dans le noir à l'arrière du décor d'où nous devions sortir tous les deux en même temps, n'attendait que les premières mesures de la musique thème de l'émission pour me prendre les seins et essayer de m'embrasser. Trois ou quatre taloches, quelques coups de coude ou rires moqueurs suffisaient à régler le problème jusqu'à la semaine suivante. À l'époque, ce genre de comportement était pratiquement considéré comme normal, voire initiatique. J'en avais pourtant glissé mot au réalisateur qui, sceptique peut-être, ne fit pas grand-chose, que je sache. Et s'il l'avertit, ce fut en pure perte, car rien ne changea.

Restaient en place uniquement celles qui réussissaient à s'en sortir. Comme dans le règne animal, c'était une sorte de sélection naturelle des plus fortes. Les tentatives étaient innombrables, au point de ne même plus être un sujet d'étonnement. J'ai l'air comme ça de mettre tout le monde dans le même panier, ce qui serait injuste, mais il y avait d'indécrottables abuseurs et je suis tombée sur l'un d'eux. Il jouissait d'une réputation exemplaire dans le domaine du disque et m'avait promis mon premier 45 tours. Tout de suite, je vais retirer un doute de vos pensées : il ne s'agissait pas de Guy Cloutier, avec qui j'ai énormément travaillé dès mes seize ans et qui ne m'a jamais touchée. Ni même de Stéphane Venne, avec qui j'ai également beaucoup travaillé, mais qui fréquentait ma sœur à l'époque, et pas moi. Donc, ce « producteur » que j'avais rencontré à plusieurs reprises auparavant me donna rendez-vous à son bureau. On parla chansons, orchestrations, cours de chant, puis il offrit de me reconduire chez moi. Il faut dire que je devais prendre l'autobus et que le trajet jusque chez mes parents représentait un voyage d'une bonne heure et vingt minutes. Inutile de dire que le *lift* était le bienvenu. Nous sommes à peine installés dans sa voiture qu'il se dirige vers un endroit désert et en profite pour me sauter dessus. J'ai beau essayer de me défendre à coups de griffes, à coups de pieds, de morsures, c'est peine perdue. Vaincue et certaine de ne pouvoir m'en sortir, retenue par la gêne de devoir expliquer pourquoi j'étais montée dans sa voiture et me sentant fautive de n'avoir pas compris ses intentions dès le départ, je baissai pavillon et le laissai profiter de moi, inerte, insensible, mon regard plein de mépris planté dans le sien. Persuadée, à le voir agir, que la moindre résistance de ma part lui donnait une sensation supérieure de plaisir, je décidai de ne plus bouger. Il… débanda. Je lui ordonnai de me conduire chez moi, ce qu'il fit, furieux que ce plaisir qu'il avait sans doute cru facile et légitime ait eu un aboutissement aussi désolant. Comment envisager que je puisse ne pas souhaiter moi aussi ce rapprochement puisque j'étais dans sa voiture ? N'avait-il pas quelque chose à offrir que je désirais ardemment ? C'est ce genre de raisonnement qui nous empêchait de porter plainte. Le désir de réussir ne pouvait être perçu comme faisant partie du répertoire d'une femme normale et, si l'ambition nous menait dans ces territoires, notre soumission en était le prix. Selon le détenteur du pouvoir, celles qui pensaient autrement auraient dû se sentir coupables.

C'était ça aussi, les années soixante !

À la suite de cet épisode, je m'inscrivis à des cours d'autodéfense et de karaté. Plus personne ne se risqua par la suite à ce genre de comportement à mon égard, car la force morale que nous donnent ces exercices arrête dans ses pas tout agresseur potentiel. Une retenue instinctive naît chez celui que vous dévisagez droit dans les yeux sans flancher. Devant la détermination d'une femme prête à toute éventualité, il hésite, sentant d'emblée que ça ne passera pas. Qui veut affronter le trouble ? Évidemment, devant une arme ou une violence extrême, c'est autre chose, mais les techniques d'autodéfense représentent malgré tout un soutien incroyable.

Le fait de devoir combattre dès un si jeune âge était profondément usant. Il fallait toujours être sur ses gardes, ce qui, à la longue, rendait cynique quant aux aspirations légitimes. Cela, malgré tout, n'altéra en rien mon envie de pratiquer ce métier, même si j'en ai gardé une désillusion profonde face au pouvoir, quel qu'il soit et surtout lorsqu'il implique un « droit de passage » à payer. Ainsi pris-je l'habitude de ne jamais rien demander de peur de le devoir. Qui sait quelles proportions pourrait prendre ce « devoir » ?

Peut-être ce système défensif, acquis dès le plus jeune âge, est-il à l'origine de cette rage qui vient me hanter devant tout abus, toute injustice et, notamment, devant ce comptoir de change et son personnel si sûr de sa suprématie et de son droit de conserver mon passeport. Cette acrimonie contre Forexchange représente, je crois, une sorte de poche de résistance face à tous ces gestes dont je me suis trop souvent sentie victime et qui m'ont fait présumer qu'on me prenait pour une imbécile. Il faut croire que cette animosité devant certaines situations remonte à la nuit de *mes* temps. Je refuse désormais de me soumettre à de telles situations, fussent-elles anodines. C'est mon talon d'Achille.

Mais revenons au plaisir de la visite de Florence. C'est aussi à Florence qu'a régné la plus puissante et illustre des familles italiennes, celle des Médicis qui donna à l'histoire trois papes, sept grands-ducs et deux reines de France (Catherine et Marie). Adeptes du mécénat, ils régnèrent tant par la terreur que par leur fortune colossale et leur contrôle de dix filiales bancaires à Venise, Rome, Naples, Milan, Pise, Genève, Lyon, Avignon, Bruges et Londres. Leurs ennemis étant nombreux, ils se cantonnaient dans deux palais construits le long de l'Arno, dont ils ne s'éloignaient presque jamais. Pour se protéger de leurs ennemis et se déplacer d'un endroit à l'autre, ils firent construire un corridor secret sur le pont – aujourd'hui plus que légendaire – qui les réunissait : le Ponte Vecchio. Justement nommé le « Vieux Pont », il devint en effet le plus vieux pont de Florence lorsque les Allemands, après avoir fait sauter tous les autres, décidèrent de l'épargner lors de leur retraite d'Italie en 1944. La légende prétend qu'ils auraient agi par respect pour la beauté de la construction, mais il est plus probable que le geste ait eu pour but d'éviter de rester coincés dans Florence puisque les autres ponts étaient trop étroits pour y faire traverser leurs chars d'assauts, tandis que la largeur du Ponte Vecchio leur permettait un repli sécuritaire. Devenu aujourd'hui lieu consacré des meilleurs orfèvres d'Europe, ce pont était à l'origine un pont marchand où les bouchers, tanneurs et vanniers faisaient commerce. Mais l'odeur des détritus jetés directement à la rivière déplaisant à la noblesse, les Médicis convertirent le pont en un regroupement de commerces d'objets de luxe, parmi lesquels se retrouvèrent les plus grands joailliers d'Italie. C'était en 1445 et ils y sont encore. Ce corridor secret des Médicis surplombant le pont d'origine abrite aujourd'hui l'une des plus grandes collections d'autoportraits de la peinture mondiale. L'endroit n'est malheureusement plus ouvert au public pour deux raisons : la première étant la destruction de certaines œuvres lors de l'inondation de Florence en 1966 et la seconde, un attentat à la bombe en 1993, qui tua cinq personnes et y détruisit des œuvres inestimables. Florence est la ville la plus riche d'Europe en œuvres d'art de toutes sortes. La dernière descendante de la lignée des Médicis décida par exemple de donner à la ville toutes les œuvres d'art appartenant à sa famille, à la condition expresse qu'aucune de ces œuvres ne quitte jamais la ville. Elle a donc, à elle seule, permis l'ouverture de cinquante musées.

Henri et moi déambulions donc sur le Ponte Vecchio en ce matin lumineux. Il en profita évidemment pour ajouter une nouvelle montre à sa collection et pour acheter un bijou à sa blonde. Vraiment, il y a des femmes chanceuses en ce bas monde ! Elle doit être exceptionnelle, cette dame, puisque pas un instant depuis le début du voyage il n'a cessé de penser à elle. Je dois même, le soir, m'isoler pendant une heure, car monsieur s'entretient avec sa bien-aimée et ma présence risquerait d'altérer le plaisir de la conversation. Enfin... peut-être ferais-je de même si j'étais moi-même amoureuse.

À l'heure du déjeuner, nous nous dirigeons vers la Piazza della Signoria sur laquelle débouche cette rue au nom évocateur: Via delle Belle Donne (rue des Belles Femmes). Silencieux, nous nous asseyons sur la terrasse aux éternels parasols endimanchés de couleurs vives, tandis que je contemple, ébahie, sous les voûtes des hautes galeries, un rassemblement invraisemblable de sculptures gigantesques aux formes diverses. La plus spectaculaire d'entre elles est sans nul doute la copie du véritable *David* de Michel-Ange, dont l'original a occupé la place, face à l'Hôtel de ville, pendant trois cents ans avant de se retrouver au musée. J'imagine les fastes de la Renaissance, des aristocrates se promenant dans tout l'étalage de leur cortège somptueux et le contraste avec la scène qui nous entoure aujourd'hui. Ne reste plus à notre élite actuelle que l'aura du pouvoir, toujours empreinte de mystère et de prestige, mais sans l'apparat des époques anciennes et révolues. Selon les pays, certains présidents ou premiers ministres sont plus accessibles que d'autres, et je peux affirmer qu'il est absolument rafraîchissant, et peut-être même rassurant, de savoir que chez nous, aujourd'hui, les leaders se laissent plus facilement approcher.

Parmi mes bons souvenirs de rencontres exceptionnelles avec nos chefs d'État figurent ces quelques histoires.

Je dois uniquement le privilège de ces rencontres au fait d'avoir été à la bonne place, au bon moment. Une demande spéciale, ayant débouché sur une occasion ratée, m'a permis de rencontrer René Lévesque. Le film *Valérie*, sorti en 1968, avait fait de moi une vedette instantanée. Le film prônait, entre autres libertés, celle du Québec et se terminait, avec à-propos, sur une scène tournée au belvédère du Mont-Royal dans laquelle, entourée de drapeaux du Québec, je virevoltais dans les bras de Guy Godin sur les paroles de la chanson-thème qui répétaient *Moi, je veux vivre et… être libre…* Le Parti québécois naissant, toujours à la recherche de figures de proue, m'avait demandé de présenter M. Lévesque à la foule en délire lors de la grande manifestation à l'aréna Paul-Sauvé en 1976. Inutile de mentionner que je n'étais à cet âge aucunement politisée, non par manque d'intérêt, mais plutôt par ignorance. Je me rendis donc à l'aréna Paul-Sauvé, submergée dès l'arrivée par la fièvre qui y régnait et heureuse de faire corps avec l'histoire. Or, on me demanda, avant de présenter le grand homme, de prononcer quelques mots. Une peur viscérale et compréhensible s'empara de moi. Quoi dire ? Comment ne pas avoir l'air d'une complète idiote, moi qui ne savais en fait rien du Parti ? On me fit bien quelques suggestions mais, soupçonnant que la tâche ne s'arrêterait pas là et que je risquais de devoir faire face à des tas de questions auxquelles je n'aurais pas de réponse, je demandai qu'on me remplace. Ce fut Denise Filiatrault qui s'acquitta de la tâche avec infiniment plus de panache que je n'aurais pu le faire.

Quelques mois plus tard, à une réception regroupant des gens du cinéma, j'aperçois M. Lévesque qui fend la foule pour s'approcher de moi. Il m'attrape par la main et, sans la lâcher, ce qui m'oblige à rester tout près de lui, il se met à me raconter une histoire qui me laisse sidérée.

« Il faut que je vous raconte, Danielle, le souvenir que vous m'avez laissé de vous sans le vouloir. Nous étions quelques ministres, en visite à Baie-Comeau, quand le petit avion que nous devions prendre pour le retour a dû rester à terre car il y avait trop de brouillard pour décoller. On s'est donc retrouvés au restaurant pour déjeuner. Ça faisait déjà quelques heures que nous attendions quand quelqu'un nous a fait remarquer que nous étions juste en face du cinéma où l'on présentait votre film et que nous avions encore sans doute quelques heures d'attente devant nous. L'idée m'est donc venue de demander si on pouvait ouvrir la salle et nous accorder une projection privée de *Valérie*. Laissez-moi vous dire qu'on se souviendra longtemps de ce voyage, madame. Vous nous avez laissé des images impérissables de votre beauté. Quel beau souvenir ! »

Je ne sus trop quoi répondre. Mis à part le fait que son histoire avait évoqué pour moi l'image d'un groupe de ministres libidineux en train de saliver en attendant un avion, j'appréciai tout de même la curiosité provoquée par le succès du film, si toutefois cette curiosité portait sur le succès d'une création québécoise et... s'y limitait. Qu'en pensez-vous ? Ne sachant si je devais prendre cette déclaration comme un compliment ou comme une réponse un peu salace à la provocation manifeste du film, j'ai préféré ne pas connaître les noms des autres ministres !

Mais il faut ajouter que l'homme était chaleureux. Dans ces années-là, alors que comme presque tous les étés il passait des vacances à Cape Cod avec sa femme, ma sœur Judith l'avait retrouvé en visite chez Mme Ludmilla Chiriaeff, qui avait une maison dans la région, non loin de la mer. Mme Chiriaeff, la fondatrice des Grands Ballets canadiens, était aussi la belle-mère de ma sœur puisqu'elle avait épousé son fils Gleb. Spontanément, il se prit d'affection pour ma nièce Valérie, alors âgée d'à peine deux ans. Tout l'après-midi, il s'amusa à la faire sauter sur ses genoux. Comme quoi les choses les plus simples peuvent amener de grands bonheurs… pourvu qu'ils portent le prénom de Valérie !

C'était aussi l'époque d'un autre grand homme dont j'étais, comme trois millions de femmes de tous les âges, secrètement amoureuse. Et la politique n'avait rien, mais alors là, absolument rien à voir avec ça. Il s'agissait évidemment de Pierre Elliott Trudeau ! Les hommes n'arriveront jamais à comprendre quel est l'ingrédient secret qui fait en sorte qu'un tel homme puisse arriver à faire tant de ravages dans le cœur des femmes. Ravages dont il n'avait probablement pas lui-même la recette. Il avait cette façon tout à fait charmante de rougir au moindre compliment, en clignant des paupières avec un regard d'enfant à qui l'on tend un cornet de crème glacée. J'avais lu quelque part qu'il avait été un enfant de nature timide et que son père l'avait encouragé à devenir plus audacieux. Autre semi-légende : il aurait toujours vécu dans l'opulence que lui avait procurée un père richissime, ce qui n'était pas tout à fait vrai. Son père, garagiste (comme le mien), mourut très jeune et il l'avait élevé sans faste jusqu'à ce qu'une multinationale, peu de temps avant sa mort, fasse l'acquisition de son entreprise, lui donnant ainsi accès à l'aisance. Au décès de son mari, c'est avec cet argent que sa mère, une Anglaise prévoyante et austère, lui permit de faire des études poussées aux États-Unis et en Angleterre.

Les hommes préféraient attribuer son charisme et son charme auprès de la gent féminine à sa fortune et à son pouvoir de chef d'État, or il y avait bien autre chose. Évidemment, et cela dit sans porter de jugement, eût-il été assisté social, éboueur ou vendeur de babioles, il est possible qu'il n'ait pas déclenché tant de passions, mais il était ce qu'il était et n'y pouvait rien. Une fois de plus s'applique ma théorie selon laquelle il n'est écrit nulle part que la vie doive obligatoirement être égale pour tous et qu'elle nous place là où l'on peut apprendre ce dont on a besoin pour évoluer. Je parie néanmoins qu'il aurait parfois préféré être ailleurs, dans une position plus simple à assumer. Ses choix étaient d'ailleurs éloquents : il avait après tout parcouru la Chine à bicyclette et n'était pas au-dessus de se prendre pour Indiana Jones ! Il y avait dans ses yeux la lueur de toutes les folies de ce monde, même s'il les avait vécues dans la soie. Son parcours, loin d'être banal, réveillait indubitablement l'esprit aventurier qui sommeille en chaque femme. On l'aurait suivi au bout du monde sans poser de questions, tant on le sentait capable d'affronter n'importe quel obstacle. Sous son image de mâle dominant, on sentait aussi une fragilité à l'amour, qui nous faisait aspirer à devenir celle qui le lui ferait découvrir. Je n'ai pas honte d'affirmer que j'aurais posé ma candidature !

Une partie de l'histoire de sa vie avait été mêlée à celle de ma famille, il y a de ça plusieurs années, lorsqu'il avait été arrêté par mon oncle Albert Bell, qui était chef de police. L'oncle Albert, mari de ma tante Hermance, se partageait entre deux passions : le cirque et son travail dans les forces de l'ordre. Je l'adorais car il avait créé l'un des premiers circuits de spectacles de cirque au Québec. Fildeefériste depuis 1940, il vivait alors à Asbestos au-dessus de l'Hôtel de

Ville, dont il utilisait la salle de réunion, avec sa scène surélevée, comme salle d'exercice et de spectacle. Des spectacles dans lesquels il démontrait ses acrobaties et auxquels participaient sa femme et ses trois enfants. Cette aire jouxtait la prison où il passait le plus clair de son temps. Au moment de la grève des cinq mille employés des mines d'Asbestos en 1949, Albert dirigeait les troupes municipales. Rien ne laissait présager l'ampleur qu'allaient prendre les événements. En dépit du fait que Maurice Duplessis, peu enclin à considérer les revendications du mouvement syndicaliste, ait déclaré illégal tout mouvement de grève, des émeutes, un enlèvement, des passages à tabac par la police provinciale appelée en renfort et délogeant les autorités en place, firent de la ville le centre d'une révolution. Tout ça pour une réclamation des travailleurs qui exigeaient l'installation d'appareils pouvant retirer la poussière d'amiante de l'air ambiant des lieux de travail et une augmentation de quinze cents de leur salaire horaire. Trudeau décrira par la suite ces événements comme parmi les faits marquants ayant provoqué la naissance du Québec moderne. Cette grève servira aussi de tremplin pour les carrières politiques de trois personnalités que l'on surnommera par la suite « les trois colombes » et qui deviendront indissociables : Jean Marchand, Gérard Pelletier et Pierre E. Trudeau. Or Pierre, devenu journaliste à Cité Libre juste après les événements, fut considéré comme agitateur, en raison des discours véhéments prononcés devant les travailleurs, et jugé comme tel par les autorités qui exigèrent que le chef de police procède à son arrestation. Mon oncle Albert s'exécuta. Fin de l'histoire. Mais pas tout à fait. Lorsque

Pierre Trudeau publia ses Mémoires, le réseau anglais de Radio-Canada décida de lui dédier un reportage relatant les moments importants de sa vie. Parmi eux, on avait prévu une rencontre surprise entre mon oncle et Pierre E. sur les lieux même de son arrestation. Je revois encore à l'écran les têtes de ces deux hommes profondément taciturnes, se regardant en chiens de faïence et n'ayant strictement rien d'intéressant à partager sur le sujet. Lorsque Pierre et moi sommes devenus amis par la suite, il me sembla avisé de ne jamais évoquer le souvenir de ces événements. Mais n'anticipons point !

Ce fut donc de cet homme – plus près de l'âge de mes parents que du mien – que je tombai amoureuse. Je n'avais pas encore de schéma préétabli quant à mes sélections amoureuses, sinon peut-être celui sous-jacent de continuer à adorer mon père à travers le savoir, la solidité, la masculinité d'un homme mûr. Une fois ces qualités réunies, j'étais partante. Déjà ma mère avait commencé de s'arracher les cheveux quand elle s'était rendu compte que je préférais, depuis l'âge de seize ans, les hommes beaucoup plus âgés que moi. La thèse courante selon laquelle j'aurais été attirée par les cadeaux plus nombreux et l'aisance généreuse de ces mâles attentifs à la jeunesse ne s'applique pas, il s'agissait plutôt de trouver en eux un cocon de protection. Mon père, silencieux par nature mais qui s'était beaucoup occupé de nous enfants, était devenu avec l'âge un être froid et détaché, ce qui le fit basculer dans l'alcoolisme... à moins que ce ne soit l'alcoolisme qui l'ait rendu ainsi. Dès lors, comme l'oisillon à la recherche d'un nid duveteux, je me suis tournée vers d'autres hommes protecteurs, d'autant plus que mon père, que je vénérais par-dessus tout et qui m'avait élevée à n'avoir peur de rien, ne m'interdisait que rarement ces attentions venant de l'extérieur. Cela le maintenait-il dans une relative quiétude ? Il veillait sans grande conviction au grain, peut-être soulagé à l'idée de confier les tâches et obligations paternelles à d'autres, ce qui illustre bien l'état d'âme dans lequel il s'enlisait. De l'argent, il n'en avait plus pour gâter ses filles. Or, il avait toujours cru que tout passait par là – et son orgueil blessé lui avait fait baisser les bras. Ma mère, fort heureusement, nous enseigna le contraire. Pourtant, mon père, autorité ultime dans la maison, m'accordait tout ce que ma mère m'interdisait. La seule question traversant ses lèvres avant de donner son accord était : « Avec quel argent ? » C'était toujours avec le mien, car je me suis mise à travailler dès l'âge de seize ans. « Si c'est son argent, elle est maintenant responsable de ses actes », répondait mon père, ce qui me réjouissait d'office, même si la somme de mes avoirs était dérisoire. J'ai compris jeune que je devrais me débrouiller par mes propres moyens et que seule l'indépendance financière me le permettrait. Je n'avais qu'à fournir. Par ailleurs, demander de l'aide m'aurait soumise au contrôle de la personne qui me l'aurait accordée, je me suis par conséquent fait un point d'honneur de ne jamais le faire. Si je demandais, je devais. Jamais, jamais je ne ferais comme ma mère, si gentille, si dévouée, si parfaite, mais tout de même typique épouse à la maison, que l'absence de revenus personnels obligeait à toujours quémander à mon père, qui était, il faut le dire, réfractaire à la dépense.

Cette scène se passe à la cuisine et m'est toujours restée en tête. Maman défait les sacs d'épicerie et s'aperçoit qu'elle a oublié le paquet de cigarettes, le seul plaisir qu'elle se permet. À court d'argent, elle en demande à mon père. Et nous sommes toutes les deux à attendre qu'il veuille bien lui tendre quelques billets. « C'est combien pour un paquet ? » lui demande-t-il. Puis, lentement, en comptant chaque pièce, il sort le montant exact, sans dépasser d'un sou ce qui lui est demandé. Je me suis sentie tellement humiliée pour elle… et pour moi qui aurais peut-être un jour à faire la même chose. C'est à ce moment-là que j'ai décidé que jamais, plus jamais je ne demanderais quoi que ce soit au-delà de ce que je pourrais acquérir par moi-même. Ce fut le début de ma quête d'indépendance. Même aujourd'hui, recevoir m'est suspect. Car si je sais donner, je ne sais toujours pas comment recevoir. Comme si je ne pouvais imaginer la reconnaissance autrement qu'en tant qu'obligation. À quoi ? Je n'en sais rien. Par contre, il est possible que de donner me décharge d'une dette morale engendrée par ma bonne fortune.

Je suivais donc les péripéties du parcours de ce personnage extravagant qu'était Pierre Trudeau et m'adonnais à ma rêverie préférée en élaborant des scénarios de séduction rocambolesques, dans lesquels il me remarquait et m'isolait de la masse pour me proclamer « huitième merveille du monde ». Mais l'assurance n'y était pas, que le désir ! Régnait en mon esprit cette petite gêne qui, face à un possible échec devant cet être plus grand que nature, paralysait toute audace. J'allais même jusqu'à aimer ce qu'on lui reprochait. Sa suffisance, son snobisme, son élitisme… Et pourtant, j'appris plus tard qu'il était aussi tout autre. Ayant été moi-même aguerrie à la diction à l'européenne du Collège Marie-de-France, son petit accent, perçu comme condescendant par certains, me faisait chavirer. Il était pour moi l'inaccessible étoile.

J'avais vingt-trois ans lors de la sortie de mon deuxième film, et mes producteurs m'informèrent que Pierre Elliott Trudeau avait été invité à la soirée de première. Je joignis un petit mot à l'invitation, voulant à tout prix qu'il soit présent. Mais il ne vint pas. Il m'envoya tout de même une note, dactylographiée sans doute par sa secrétaire, mais à laquelle il avait ajouté un post-scriptum écrit de sa main. Puis, un premier livre écrit sur ma courte vie fut publié, chose totalement inutile et présomptueuse, mais qui avait sa « raison d'être » m'avaient dit les éditeurs. Je lui en envoyai un exemplaire. À nouveau, je reçus une lettre dans laquelle il ajouta, de sa main, que j'avais de beaux yeux. Seigneur, était-ce possible ? Pendant un temps, j'ai dormi avec la lettre sur ma table de chevet ! Le temps passa et je ne voyais toujours pas comment l'approcher. J'avais beau être totalement sous le charme, pour rien au monde je ne me serais comportée comme une hystérique et n'aurais posé quelque coup d'éclat pour attirer son attention. Et c'est pourtant Henri qui m'apporta LA solution. Oui, oui, notre Henri que je connaissais déjà à l'époque et qui, sachant combien je vénérais Trudeau, m'invita à une conférence que ce dernier devait prononcer aux HEC. Au jour dit, j'insistai pour être au premier rang mais me retrouvai tout de même en meilleure posture au troisième, puisque les fauteuils disposés en amphithéâtre me mirent pratiquement nez à nez avec mon idole. J'ai bu ses paroles, sans que cela m'empêche de remarquer qu'il me regardait souvent. Je me suis demandé si c'était à cause de ma position dans les gradins ou de la surprise de me retrouver dans un univers si différent de celui où il aurait pu m'imaginer. Me reconnaissait-il seulement ? Plus je l'écoutais, moins l'économie avait de secrets pour moi. Pas de doute, j'allais m'inscrire aux HEC s'il le fallait. Et lui et moi aurions désormais des heures de discussions sur le cours des marchés mondiaux. À nous deux, nous allions peut-être régler le sort de l'économie mondiale ! Il me trouverait même brillante !!! Bref, ce n'était pas la modestie et les obstacles qui m'étouffaient. Dans ma naïve inconscience, je ne pris jamais en considération que la moitié de la population féminine caressait le même rêve et que certaines avaient beaucoup plus de bagage que moi pour réaliser ces visions utopiques.

Une petite réception après la conférence me permit de l'approcher. Oui, il m'avait reconnue. Il me parla comme si l'on se connaissait depuis toujours, ce qui confirma toutes les vertus que je lui accordais, entre autres qu'aucun être sur terre n'avait jamais su être aussi délicat envers moi. Pas même Henri, qui pourtant avait été à l'origine de cette rencontre ! Ah, ces vertus que l'on accorde sans distinction et la force aveugle, si nécessaire, que l'on en retire pour soulever des montagnes !

J'avais rencontré mon idole, que désirer de plus ? Mais bien que ma foi quant à notre possible réunion en tête-à-tête ait été sans limites, il me fallut bien réaliser que ces contes de fées n'existaient que dans mon imagination. Je redescendis rapidement de mon nirvana sans que toutefois s'amoindrisse mon désir de LUI. Quelques mois plus tard, je fus invitée au bal donné à l'occasion du Festival du cinéma québécois et je demandai à mon ami André Dupuis de m'y accompagner. J'ai eu toute ma vie une liste d'amis, de charmants princes consorts accompagnateurs, qui comprenaient que je ne tenais pas nécessairement à me retrouver dans les journaux avec « un homme » en particulier, ce qui agrémentait les ragots. Le fait d'être accompagnée me protégeait également des rencontres intempestives de gens envahissants, obnubilés par l'aura créée par mes rôles, et tout aussi désireux de me rencontrer que je pouvais l'être, moi, de rencontrer Pierre Trudeau. À l'époque cependant, je n'étais pas pleinement consciente de la popularité que m'avait apportée mon film, sauf en ces moments où l'on tentait de m'approcher avec trop d'insistance. Pour moi, le cinéma était un travail et non un sujet de cabotinage. Mais après avoir essuyé quelques crises de jalousie assez éprouvantes de la part d'amoureux réels qui ne comprenaient pas comment je pouvais résister aux assauts insistants de certains *fans*, et interprétant les démonstrations de ceux-ci comme une invasion de leur territoire, j'optai pour des amis neutres et protecteurs, ce qui rendit mes sorties beaucoup plus agréables. Pour vous donner un exemple : j'étais assise un soir dans un grand restaurant avec mon amoureux Alex, lorsqu'un admirateur envoie une bouteille de vin à notre table. Comme le maître d'hôtel déposait sur la table la coûteuse bouteille, Alex la saisit et la lui remit en déclarant : « Dites à ce monsieur que j'ai suffisamment d'argent pour offrir le vin à madame ! »

En cette soirée exceptionnelle, dédiée au septième art, je dansais, ravie, au bras attentif de mon ami André quand une virevolte me fit atterrir aux côtés de mon idole. Il m'aperçut, me sourit et attendit la prochaine danse pour venir m'y inviter. Me dirigeant vers la piste, ma main dans la sienne, j'aurais donné ma vie... ben, un bon bout en tout cas, pour avoir le plaisir de danser avec lui mais seule à seul. Il aurait suffi à certaines de se pavaner à son bras pour être heureuse. Mais pas à moi. Je voulais l'isoler... nous isoler. Je voulais cet instant pour moi seule. À ce moment même se produisit autour de nous une espèce de brouhaha qui ne me plut pas du tout, et je remarquai un journaliste d'une revue à potins qui cherchait désespérément à joindre son photographe pour nous saisir en photo et faire de la copie d'un moment que je voulais exclusif. Contrairement à ce que l'on pourrait croire, j'ai toujours voulu vivre dans l'anonymat le plus complet les moments les plus tendrement importants de ma vie, histoire de me garder quelques coins de vie à ne pas partager : une espèce de cadeau de moi à moi. Pour nourrir les premières pages des journaux, le métier exigeait à l'époque une certaine impudeur, et si j'ai plus d'une fois accepté de jouer le jeu, mon instinct me dictait qu'en cette occasion la plus grande discrétion était de mise. Le désir de Pierre de peut-être vouloir me revoir en dépendait sûrement. Pour moi, si populaire à l'époque, la discrétion était une vertu essentielle et je soupçonnais qu'il devait en être de même pour cet homme terriblement sollicité. Je me penchai donc vers son oreille pour lui demander, en dansant, de nous éloigner de ce journaliste.

« Pierre, juste derrière vous il y a un journaliste d'une revue à potins qui essaie de nous prendre en photo. Dieu sait ce qui en ressortira. Pouvons-nous nous en éloigner ? »

Il avait très bien compris. Aussi suis-je restée perplexe lorsque, plaçant sa main ouverte derrière l'oreille comme pour mieux entendre, Pierre me demanda de répéter. Ce que je fis en me rapprochant davantage. Mais il se contenta de me regarder, avec un large sourire énigmatique et de me serrer de plus près en continuant à danser au même endroit.

J'en étais à me demander s'il n'était pas définitivement « dur de la feuille » ou provocateur lorsque j'aperçus trois hommes au gabarit imposant, tout de noir vêtus, le cheveu ras, se rabattre sur le journaliste et le photographe pour leur demander de dégager les lieux. Je venais d'être témoin de l'efficacité du système de protection d'un premier ministre. J'appris ainsi que les boutons de manchette de notre PM contenaient des microphones et que toute demande faite « à la manchette » était un ordre d'assistance. Je me retrouvais en plein roman d'espionnage. On dansa plusieurs fois ce soir-là, mais rien ne me préparait à ce qui allait suivre.

Je reçus l'invitation directement de sa secrétaire privée.

« M. Trudeau désirerait vous inviter à la réception d'investiture de Mme Jeanne Sauvé au poste de gouverneure générale du Canada ici même à Ottawa. Préférez-vous venir seule ou être accompagnée ? »

Je ne savais trop quoi répondre. Il était évident que je ne pouvais l'accompagner, lui, en une occasion aussi solennelle, mais qu'il ait seulement pensé à m'inviter me fit énormément plaisir. J'optai pour une visite avec un ami, passai un très agréable moment à cette réception, vit M. Trudeau une minute à peine lorsqu'il passa près de moi avec Mme Sauvé pour me dire combien il était heureux que j'aie pu me déplacer et me glisser à l'oreille que j'étais superbe dans cette robe de gala. Mais Cendrillon, ce fut lui car, sur le coup de minuit, pfuitt ! il disparut.

Puis il y eut cette autre invitation, puis une autre encore, et encore une autre. Les invitations pleuvaient. La secrétaire appelait, me transmettait l'invitation au nom de M. Trudeau, me demandait si j'allais être seule ou accompagnée, puis me faisait parvenir ensuite le carton d'invitation qui me servait de laissez-passer. Le scénario était toujours le même. Je me souviens en particulier de la réception donnée en l'honneur du président de la Côte-d'Ivoire, Félix Houphouët-Boigny, au Ritz-Carlton. Les places de chaque convive étaient assignées et la mienne, dans la première rangée, faisait face à la table d'honneur. Mieux, ma chaise avait été disposée directement en face de celle de M. Trudeau, ce qui lui permit de me regarder toute la soirée, de lever son verre à distance pour me saluer et de me sourire avec un regard appuyé. Au moment de partir, il vint me serrer la main avant de disparaître. Ces moments étaient à la fois divins et affligeants, car je réalisais qu'il s'était créé un monde intérieur parallèle, relié à ses obligations de réserve, et que son seul plaisir était de vivre des rencontres à distance, sans véritables contacts. Se pouvait-il qu'il n'ait que ça pour rêver, pour se donner une impression de normalité, pour vivre des moments de chaleur volés à une vie totalement enrégimentée ? Était-ce la seule façon de le côtoyer ? C'était peut-être romantique, cette inaccessibilité, certainement hors du commun, mais trop désolant et trop frustrant pour moi.

Mon béguin impossible ! Si près et si loin à la fois. Je n'attendais rien de l'homme, certaine que nos rencontres ne seraient jamais qu'accessoires. Il se risqua bien à quelques scandales puisque, au fil des années durant lesquelles je le regardai évoluer, il eut le temps de se marier et de divorcer en alimentant quelques controverses. De mon côté, je vieillissais et ne le regardais plus avec la passion folle et débridée de ma jeunesse, mais avec tout autant de respect et d'envie de le connaître davantage.

Et puis l'impossible se produisit : il m'appela de nouveau. Nous étions en 1980.

« Danielle, je viens d'acheter une maison presque à flanc de montagne, l'ancienne maison de l'architecte Cormier. Je serai à Montréal cette semaine pour en prendre possession. Veux-tu la voir ? »

Bien sûr que je voulais la voir... Même que j'aimerais bien y habiter ! me suis-je dit, un peu pour me foutre de ma gueule. Mais, le pensais-je vraiment ? Car ces rencontres toujours aussi surprenantes par leur incongruité avaient fini par me faire croire que j'étais bien à l'évidence une fille à connaître, mais que ma notoriété me rendait difficile à fréquenter. Du moins pas devant le « grand monde ». Que voulait-il au juste ? Jamais je n'ai pu deviner la véritable raison de ses appels. Et je n'étais pas du genre à poser des questions, certaine que d'encoigner un homme de la sorte, surtout un homme qui se veut libre, ne pourrait avoir d'autre effet que de l'éloigner de moi.

Pour lui éviter le détour l'obligeant à venir me chercher chez moi après la longue route d'Ottawa vers Montréal, je lui donnai rendez-vous à sa maison. Pour me remercier de lui avoir épargné du temps, il me fit livrer avant la rencontre, une immense boîte de chocolats Godiva et une rose, une seule et somptueuse rose rouge.

J'arrivai toute fébrile à la porte de cet invraisemblable musée du 1418 de l'avenue des Pins. Depuis la rue, on n'apercevait de la maison que deux hauts blocs carrés percés de fenêtres. Mais à l'intérieur, quatre étages s'enfonçaient dans le roc, austères, merveilleusement et fidèlement conservés selon l'esprit Art déco cher à leur créateur, Ernest Cormier. Du bois clair et lisse, de l'aluminium, un plancher en terrazzo, des frises de stuc et des bas-reliefs ornementés de personnages. Même le mobilier était d'époque : les formes cubiques de Ruhlmann adoucies par des housses matelassées ajoutaient à la splendeur de la demeure. Mais un petit incident me mit dès l'arrivée dans l'embarras. Je portais une cape qu'il me fallait enlever en la faisant glisser au-dessus de ma tête. En la retirant, une de mes boucles d'oreille en diamant se détacha, et la première vision que j'eus de Pierre fut celle de son derrière alors qu'il essayait, à quatre pattes, de retrouver le bijou sur le carrelage moucheté. Dure tâche. On visita la maison jusqu'au dernier étage, où Pierre voulait me montrer l'endroit où il planifiait d'installer une piscine. Puis il m'invita à prendre un verre au salon.

« Que voudrais-tu, Danielle ? »

Je ne savais que dire. Il m'aurait offert de la ciguë que je ne m'en serais pas formalisée. Devant le bar, je repérai un liquide vert et lui demandai de m'en servir. C'était de l'absinthe. Connais pas ! J'allais boire la liqueur d'un trait quand Pierre, les yeux en points d'interrogation, me demanda : « Tu ne veux pas un peu d'eau avec ça ? C'est fort ! » Je fis ma brave : « Non ça va aller. » J'aurais dû. C'était d'un amer… mais j'ai tout bu. Faut être polie tout de même. Je rentrai chez moi en me demandant à quoi rimaient ces rencontres amicales mais stériles en intentions. Aurais-je dû provoquer la question ? Fallait-il juste me contenter de penser que dominait chez lui l'envie – légitime du reste – d'entretenir des contacts guère plus compromettants que ces « petites-rencontres-amicales-et-rien-d'autre » qui lui permettaient de mener une vie à peu près normale dans un monde lourd d'obligations ?

Le mystère fut tout aussi complet la fois suivante. Cette fois, l'appel vint de lui.

« Danielle, que fais-tu la semaine prochaine ? Je t'invite chez moi à Sussex Drive. On mangera, on parlera et tu resteras à la maison, je t'ai fait préparer une chambre ! »

Comment dire : c'était l'extase et le désenchantement tout à la fois. Comme un cadeau que l'on désire depuis longtemps, que l'on a intensément imaginé sous toutes ses formes et qui ne peut, en fin de compte, que décevoir. Car ce qui entretenait le rêve devait obligatoirement dépasser la réalité. Je dis toujours que la moitié du plaisir d'un voyage se vit tout juste avant de monter sur la passerelle au moment du départ, car c'est ce que l'on imagine du voyage qui incite d'abord à voyager, l'autre moitié étant le voyage lui-même. Mais ce malaise me ramenait aussi à mon propre manque d'assurance. À le voir tourner autour de moi sans jamais se dévoiler, je finis par croire que je n'étais « pas assez ». Pas assez intéressante, pas assez érudite, pas assez fine, belle, mince, drôle… Je me savais souriante, avenante, généreuse, curieuse, mais rien qui à mes yeux puisse assurer une suite à l'intérêt qu'il pourrait me porter. N'étais-je donc qu'une distraction ? Mais je n'allais pas rater le coche. Je fis et défis ma valise cent fois avant le départ, imaginai la première phrase qui le ferait sourire, la première anecdote qui provoquerait sa curiosité. La peur de ne pas être assez « grande dame » et d'être jugée pour ce que j'aurais dû être ou ce que je n'étais pas me paralysait l'esprit. Car cette « autre » image de Danielle Ouimet, l'image que j'avais provoquée, créée, et qui était si loin de la réalité me planait dans la tête. Danielle la frondeuse, la fausse libérée, celle qui pouvait se foutre à poil sans remords, la belle « plante » qu'on montrait à tous en lui demandant de se taire. Je ne voulais pas être « ça », ni à son bras ni à celui de qui que ce soit. Laquelle venait-il chercher en m'invitant ? J'avais le loisir de lui faire découvrir le contraire de cette fausse identité, mais j'ignorais comment faire pour laisser les choses venir tout simplement, sans me poser de questions.

J'arrivai donc en fin de journée et à peine m'avait-on ouvert la porte que Pierre arriva en courant pour m'accueillir convenablement. On monta tout de suite ma valise dans la chambre qu'il m'avait réservée sous les combles, puis il m'invita à faire la visite de la demeure, où je découvris les pièces d'apparat de la maison.

J'étais fascinée par les explications qui accompagnaient chaque objet : la très délicate sculpture en forme de rose offerte par la Corée, le tableau donné par la France, les porcelaines, les vases, les dentelles, les lettres d'hommes d'État du monde entier, et que sais-je encore. Cela nous mena au souper. De temps en temps, un homme ou une femme faisait son apparition, saluait Pierre et disparaissait tout aussi rapidement. Pierre me dit qu'il ne restait plus à la maison, après 18 heures, que le chef aux cuisines, et encore : ce dernier était de service uniquement s'il y avait des visiteurs. Nous étions en plein automne et le soleil à 19 heures, quoique bas à l'horizon, était toujours éblouissant. Mais ma première surprise fut de constater qu'il régnait dans la salle à manger une pénombre intense. Devant moi, à la manière anglaise, une table pouvant accueillir une vingtaine de personnes étalait son bois d'acajou laqué. C'est cependant à l'écart de celle-ci qu'il avait fait monter une table ovale – moins formelle – avec nappe blanche, fleurs et bougies impeccables, face à l'immense et haute fenêtre incurvée donnant sur les jardins, mais résolument masquée par de très épaisses tentures écrues. Comme je m'exclamais sur l'effet bénéfique que pourrait avoir sur notre repas la lumière dorée de cette fin de journée magnifique, il m'expliqua que le service de sécurité lui défendait expressément d'ouvrir les rideaux.

« Même bien entouré par le service de sécurité, un assassin avec une lunette de visée pourrait facilement m'atteindre du jardin. »

Plutôt consternant !

Mais l'apparition d'une toute petite tête blonde, fendue d'un large sourire et s'approchant de la table en pyjama « à pattes », dans une course sur la pointe des pieds, vint changer l'atmosphère. Justin se précipita dans les bras de son père, lui tendant le cahier d'école sur lequel il venait d'écrire, très appliqué, quelques lettres d'une écriture enfantine. Il repartit aussi vite qu'il était venu, moment de fraîcheur indescriptible.

Puis le chef vint nous expliquer ce que nous allions manger et je dois dès lors vous donner la recette du plat tout simple qu'il nous servit au dessert, j'en salive encore : une orange pelée, servie très fraîche, coupée en tranches fines et arrosée d'un jet d'huile d'olive de bonne qualité, d'un peu d'eau de rose et saupoudrée de poivre rose de grain entier. Je m'en rappelle encore, c'est tout dire !

On passa au salon à nouveau mais avec une demande très spéciale.

« … Et si on se mettait à l'aise ? Allez, Danielle, on met nos pyjamas et on se retrouve ici dans dix minutes. »

Moi, en chemise de nuit rouge et robe de chambre de satin à broderies japonaises sur fond noir, lui dans un ensemble marine, nous nous assîmes tous deux à l'indienne sur le canapé ayant accueilli les postérieurs de toute une collection de hauts dignitaires. On bavarda au moins jusqu'à 22 heures. De ces conversations, je garde le souvenir d'un homme galant, discret et qui ne semblait intéressé qu'à me poser des questions sur moi-même, sur ma vie. On parla voyages, découvertes, us et coutumes des pays du monde, livres, et je finis par lui dire qu'avec tout ce qu'il avait vécu j'avais très hâte de lire ses Mémoires. Il me dit très résolument que jamais il ne se le permettrait. Fidèle à sa façon de faire, il retourna par une question les arguments par lesquels j'essayais de le convaincre.

« Danielle, si tu réussis à me donner une seule raison valable pour laquelle je devrais le faire, ce livre, j'y repenserai. Une seule. Plusieurs s'y sont essayés. Et alors ? » rétorqua-t-il mi-amusé, mi-curieux.

Je savais que je ne pouvais pas rater cette réponse. Je savais qu'il ne fallait pas aller dans les raisons creuses de l'histoire et du souvenir à conserver. Il était peu passéiste. Du moins, à l'époque.

« Pierre, dans ce monde très exigeant de la politique, des hommes t'ont suivi par conviction, par fidélité, par devoir, par absolutisme parfois et abnégation à d'autres occasions. Ou par amour tout court. Tous, en choisissant de te suivre, ont fait preuve d'une intention ou d'une pensée unique : celle, en suivant ton parti, d'appuyer tes idées et même de réparer tes erreurs. Ils l'ont fait au détriment parfois de leurs convictions personnelles pour donner du pouvoir à leur chef, ils l'ont fait au détriment d'heures passées auprès de leur femme et de leurs enfants, et ils ont sans doute eu à affronter des luttes qui parfois les affaiblissaient, eux, alors qu'ils auraient pu briller davantage ailleurs. C'est pour eux, pour qu'ils aient une raison à donner à leur sacrifice et à leur travail, en rétribution de leur participation, même si celle-ci a parfois pu être teintée d'arrivisme, que tu devrais laisser quelque chose. Donne-leur une bonne raison de t'avoir suivi, aveuglément parfois. Ça ne s'est pas fait tout seul. »

Il m'a longuement regardée sans cligner des yeux, puis il a dit : « Touché ! »

Sur ces entrefaites, j'entends la porte du hall d'entrée qui s'ouvre. Devenue un peu paranoïaque depuis l'histoire du possible tireur fou dans les fourrés, j'ouvre des yeux ronds sur le personnage tout de noir vêtu, qui porte une valise retenue à son poignet par une menotte. Pierre se lève pour aller l'en dégager. La récréation est finie. La valise diplomatique est ouverte. Pierre me dit :

« Danielle, il me faut aller travailler une petite heure. Va te promener du côté de la piscine si tu en as envie, je te retrouve bientôt. »

Je pris un livre et ne bougeai pas du salon. On reparla jusqu'à minuit, puis il m'amena à ma chambre. Je me couchai, il me borda, m'embrassa et fit… ce qu'il n'aurait jamais dû faire sans me consulter : il ouvrit la fenêtre, laissant entrer un vent glacé qui traversa les quelques rares draps très légers qui habillaient le lit. Le froid vint se faufiler jusqu'à mes os. Je n'osais bouger, car j'avais lu quelque part qu'il dormait toujours lui-même dans une chambre glaciale. Dieu qu'il serait déçu si par je ne sais quelle folie il revenait me voir et se rendait compte que j'avais fermé la fenêtre ! J'avais à peine réussi à fermer les yeux lorsque j'entendis un bruit qui me fit vivre un événement des plus étranges et, finalement, des plus terrifiants. Une voix, une toute petite voix féminine se mit à murmurer. Je pensai que ce pouvait être une femme du personnel en maraudage dans les corridors, mais Pierre m'avait bien dit que tous étaient partis. La nounou des enfants sans doute ! Mais la voix ne se taisait pas. Au contraire, elle prit du coffre et une plainte déchirante, une supplique presque, se fit entendre. Gémissements de souffrance ou de plaisir, cette vague de râles qui semblait venir du corridor ? Je ne saurais le dire. Assise dans mon lit, je me demandais s'il me fallait porter assistance ou éviter de tomber au milieu d'ébats qui n'avaient rien de conflictuel, pour sortir honteuse d'une pièce où « l'action » ne me regardait pas. Je pris le parti d'attendre. La voix s'est tue, mais longtemps elle m'a hantée. Je n'étais cependant pas au bout de mes peines car, encore une fois, alors qu'il me semblait m'être tout juste accrochée à un rêve, un cri strident me réveilla en sursaut. Ça venait de l'extérieur, cette fois. Ce n'était que le changement de la garde. À l'extérieur, la résidence du premier ministre est ceinturée de gardes en uniformes de la Gendarmerie royale et, lorsque la vigie doit changer, celui qui s'approche pour prendre la place de l'autre doit se manifester haut et fort. Toute réponse inadéquate au mot de passe, énoncé à l'approche et qui change chaque jour, aurait provoqué une attaque instantanée. Un autre traumatisme. Décidément, je n'ai pas dormi de la nuit. À 7 heures, la maisonnée fourmillait déjà. Après ma douche, j'enfilai le plus beau tailleur blanc écru qu'il m'ait été donné de posséder et descendis le grand escalier menant au corridor débouchant sur la cuisine. Pierre en m'apercevant eut pour moi un tout premier regard d'extrême tendresse. Debout, avec ce petit sourire indéfinissable qui avait fait sa renommée, portant une chemise aux manches relevées, un verre de jus d'orange à la main, l'autre main dans la poche, il s'approcha de la table pour me faire une place près de son fils et prit ma commande qu'il traduisit en espagnol à la dame près de nous. J'étais impressionnée. À mettre dans ma liste de choses à faire : apprendre l'espagnol ! Puis s'installant près de moi, je l'entendis me dire :

« Danielle, on n'a pas eu le temps de se voir assez. Reste. Je ne rentrerai pas tard. Je serai ici pour le dîner. Va en ville, baigne-toi, profite un peu de la maison, de la piscine et reste. » Il me le répéta trois fois.

Une panique que je n'ai jamais pu m'expliquer, même encore aujourd'hui, s'est emparée de moi. La seule explication qui me vient à l'esprit est celle du syndrome de l'imposteur. Je me sentais mal à l'aise dans toutes ces concessions que je devais faire pour être à la hauteur de l'image que je croyais devoir emprunter pour être parfaite à ses yeux. Et si je le décevais ? Que me voulait-il ? Je voulais profondément rester, mais l'insaisissable raison de ses attentes me donna l'envie de m'enfuir à toutes jambes. J'attendis qu'il parte et je filai à l'anglaise comme une voleuse. Toutes ces années à attendre ce moment et le laisser douloureusement glisser de la sorte entre mes doigts. Il ne me rappela jamais.

Quelques années plus tard, j'eus un rêve, que dis-je... un cauchemar qui me bouscula tellement que je n'en dormis plus de la nuit. Non pas à cause du scénario qui était banal – un rêve est un rêve –, mais à cause du malaise, de la peur viscérale et de la tristesse lancinante qui me restèrent collés à l'esprit, même éveillée et longtemps après. Dans mon rêve, Pierre transportait son fils sur ses épaules, et nous marchions sur l'avenue des Pins vers sa maison. À un moment donné, Pierre me regarda sans parler, mais je vis dans ses yeux une panique et comme l'urgence de me dicter une action. Toujours dans mon rêve, je l'entends me dire de partir et d'essayer de retrouver, dans la rue devant chez lui, son autre fils qu'on recherchait pour le kidnapper. En mettant les bandits sur ma piste, il espérait également protéger son autre fils en le mettant à l'abri. L'avais-je pressentie ? Deux jours plus tard, j'apprenais la mort de Michel, en Colombie-Britannique, dans une avalanche. J'envoyai à Pierre un message de sympathie. Il m'en remercia et ce fut tout.

Dès lors, sa vie prit une tournure d'une infinie désolation. Je suis persuadée qu'il est mort de chagrin.

C'était un homme brillant.

Je ne me permettrai pas de parler de l'homme politique, mais de l'homme « tout court », ça oui ! J'appréciais surtout son manque de conformisme, sa curiosité de tout en général et de l'autre en particulier, son sens du devoir, son esprit léger sous une discipline de fer. Il était résolument épicurien et frugal à la fois, responsable pour bien des choses et délinquant pour d'autres, énigmatique par ses silences, fragile là où ça compte, jouisseur des vrais petits plaisirs, comme de semer ses gardes du corps, de conduire lui-même sa voiture, de sentir la terre et l'herbe des champs, de parcourir les rivières en silence, de danser jusque tard dans la nuit, de répondre « *fuddle duddle* » pour rire des journalistes, de s'habiller d'un pyjama pour recevoir après le travail. Il était fantasque, provocateur, dictateur... et son amour des femmes... de beaucoup de femmes était démesuré. Ou cherchait-il seulement à remplir une solitude malsaine imposée par sa position de premier ministre ? Peu importe : c'est de l'homme que je veux me souvenir, et de rien d'autre.

Quand il est mort, s'est éteinte avec lui ma capacité d'aimer dans l'idéal, d'aimer sans remise en cause. C'est peut-être alors que j'ai appris à aimer en adulte, à aimer dans la réalité et non plus dans mes désirs d'idéaux utopiques.

Nous, les femmes, avons souvent tendance à accepter cette expression trop entendue : « Derrière tout grand homme se cache une grande femme ! » Si nous inversions la phrase et en tirions son corollaire : « Derrière toute grande femme se cache un grand homme », nous aurions sans doute la Ligue de défense des droits masculins à nos trousses pour venir nous traiter de castratrices… ne serait-ce que pour avoir suggéré qu'IL pourrait être derrière ! Et si nous étions chacun à notre place, la place que l'on veut bien prendre ? C'est ce à quoi je pense face au couple Jacques Parizeau–Lisette Lapointe. Mêmes vues, mêmes combats, mais menés différemment. C'est mon meilleur ami (et coiffeur depuis trente ans), Alvaro, qui m'a fait rencontrer Lisette. Je l'avais cependant déjà interviewée à mon émission *Bla Bla Bla,* et ensuite ce fut le tour de M. Parizeau, quelques mois plus tard. J'habitais alors Québec, et n'ayant pas été au nombre des invités de l'immense résidence de la rue des Braves, nous en avions conclu par la suite que nous pourrions chacune alléger nos obligations quotidiennes et trouver un moyen, Lisette et moi, de nous rencontrer. Québec est la plus belle ville du Québec et, fort heureusement, les maires qui s'y sont succédé ont su éviter les démolitions barbares et les modernisations hideuses qui accompagnent toujours le manque de volonté historique de notre belle ville de Montréal ! Cependant, l'hermétisme de Québec quant à l'amitié interrégionale est légendaire. En quatre ans, je n'ai été invitée que six ou sept fois à des réceptions familiales ou amicales. Sans Robert Gillet, qui me connaît depuis le début de ma carrière à la radio à l'âge de dix-huit ans, et Denise Deveau, ma recherchiste de l'époque (et merveilleuse amie depuis), j'aurais pu ne pas exister et personne ne se serait jamais interrogé sur mon absence ou ma présence en cette ville. Lisette devait croire que j'étais bien occupée, car elle ne s'en inquiéta alors pas davantage que les autres mais, compte tenu de ses obligations bien réelles, j'ai vite fait de lui pardonner. Dès mon retour à Montréal, Lisette et moi avons commencé à nous voir plus fréquemment. En effet, Lisette, devenue agent d'artiste pour son fils Hugo, tenait à obtenir mon avis sur la possible carrière de ce dernier, chanteur très talentueux dont les aptitudes étaient mises en avant par sa mère et qui allait en surprendre plusieurs. Et si je me permets ici de faire une parenthèse, c'est que l'histoire d'Hugo peut nous enseigner une importante leçon de courage. Plus jeune, lors de vacances à la campagne, Hugo avait été frappé sur la voie publique, en plein village, par le maire de la localité qui, en état d'ébriété, conduisait une moissonneuse-batteuse. Hanche en miette, fractures diverses, poumon, rate perforés, que sais-je encore. Il a vécu de longs mois alité, parfois entre la vie et la mort. Dès qu'il put recevoir quelques amis et s'asseoir sur ce lit de grandes souffrances, on lui offrit une guitare dont la musique l'aida considérablement à changer les longues heures d'inaction ou de douloureuse physiothérapie, en moments de voyage intérieur. Puis la voix se mêla à l'instrument et, ma foi, le souffle retrouvé donna une assurance nouvelle à ce jeune homme qui se révéla être un chanteur de très grand talent. Sa vie bascula donc dans le monde artistique avec la ronde des auditions qui s'ensuivirent. Curieusement, si le Québec l'a boudé, il brille à Paris où je l'ai vu sur la scène du Palais des congrès, une salle de 7 000 places, dans la production *Roméo et Juliette*, dans laquelle il partageait le premier rôle avec un chanteur français. Il enchaîna ensuite sa carrière au Québec dans la production du *Petit Prince* et, sans qu'il en soit fait mention nulle part, il vient tout juste de revenir de Paris (en 2009) où il a tenu un premier rôle dans la comédie musicale *La Petite Sirène* sur les planches de la très mythique scène de l'Olympia, de même qu'à l'opéra Garnier. Dans ce métier, bien des carrières phénoménales se sont dessinées de la même manière : c'est un accident grave qui fut à la base des carrières de Serge Lama, de Julio Iglesias et de Boom Desjardins ! Même combat, même résultat : la douleur, de long mois alités et une guitare. Comme quoi les vues de l'univers sont insondables.

Donc, je rencontrais de plus en plus souvent Lisette. Les moments privilégiés de nos rencontres prenaient souvent place dans sa belle maison au bord du lac, à Saint-Adolphe d'Howard. Un petit vin blanc, un coucher de soleil et un ponton glissant silencieusement sur l'onde, des confidences chuchotées… que désirer de plus ? Aussi, quand elle me demanda de l'aider à préparer une fête surprise pour les soixante-dix ans de M. Parizeau, j'affûtai mon esprit, tentant de me remémorer mes plus belles réalisations. Et, avec l'aide d'une équipe du tonnerre, nous sommes arrivés à concocter la réunion d'anniversaire la plus réussie à laquelle j'aie jamais assisté. La tâche la plus ardue était d'éloigner

M. Parizeau de sa ferme des Cantons-de-l'Est où devait avoir lieu la réception. On demanda donc à Claude Dubois de l'inviter à un spectacle, invitation à laquelle il ne pourrait se soustraire et qui les obligerait à passer la nuit à Montréal. Le lendemain, la tâche de Claude serait de le retenir le plus longtemps possible sur la route, ce qui n'est pas aisé, car on a intérêt à se conformer à la volonté de M. Parizeau, surtout quand il s'agit pour lui de prendre du repos à sa ferme. Au téléphone, nous demandions sans cesse à Claude d'étirer le trajet du retour et, rencontrant forcément beaucoup de résistance, il dut s'évertuer à trouver des solutions, dont celle de s'arrêter chez chaque fermier de la région, que ce soit un producteur d'œufs, de miel, de pain, de maïs… Claude, arrivant au bout de ses ressources, dut se résoudre à ramener M. Parizeau. Nous, qui l'attendions tout sourires près de l'entrée, avons été confrontés à l'irritabilité d'un homme impatient de rentrer enfin chez lui, tenant comme il le pouvait une douzaine d'œufs à la main, tout en forçant rageusement le portail de sa maison en se demandant à haute voix pourquoi diable les barrières étaient fermées alors qu'elles étaient toujours ouvertes. Réalisant l'ampleur de la fête, il lui fallut quelques secondes avant de comprendre la raison de son retard et pour harmoniser sa bonne humeur à la nôtre.

 Une armada d'amis était là et nous n'avions eu que la matinée pour préparer la réception, c'est-à-dire vider au complet une grange de son contenu, y placer de grandes tables pour les soixante-dix invités, les couvrir de nappes et de vaisselle blanches impeccables. Louise Marleau avait la tâche de parer le tout de fleurs odorantes. Elle était partie tôt le matin pour revenir de son expédition la robe déchirée et couverte de brindilles et de piqûres de moustiques. Elle avait elle-même glané aux champs les plus belles fleurs sauvages qui agrémenteraient les tables, les piliers intérieurs et la façade du bâtiment. Une vieille bicyclette, couverte de « demoiselles des champs », devint la pièce de résistance décorant l'entrée de la grange. Le montage de la sono pour le spectacle de Paul Piché, Dan Bigras et Claude Dubois avait été l'affaire d'Hugo et de son *band*. On trouva un coin dans la maison pour le traiteur et ses victuailles. Mais pour moi, la fête avait débuté bien avant l'événement. En effet, m'était incombée la tâche de contacter soixante-dix auteurs, politiciens, artistes et amis de longue date et de leur demander de pondre un texte en hommage à l'homme vénéré et fêté ce soir-là. Au moyen d'un cordonnet j'avais, soixante-dix fois, attaché ces textes et cartes de vœux à une feuille de papier grand format que j'avais confectionnée de mes mains à partir de pâte naturelle et placée dans un coffret enjolivé de dessins. J'avais aussi supervisé la contribution des petits-enfants, qui n'étaient pas présents, en les amenant à une boutique de céramique pour qu'ils dessinent sur des assiettes de porcelaine les mots d'amour destinés à leur grand-père. Les assiettes, ainsi cuites avec leurs œuvres, marquaient leur présence à l'événement. Quelques textes de grands auteurs québécois, contactés pour l'occasion, furent lus par Louise Marleau et Denise Bombardier tout au long de la soirée. En l'absence de Claude Théberge à la fête, j'eus le privilège de dévoiler la toile qu'il avait réalisée pour le grand homme et qui représentait Lisette face à la mer à Collioure, sur la terre viticole du village français où M. Parizeau attendait à l'époque ses premières vendanges. Cette œuvre, je vous le rappelle, sera utilisée pour illustrer l'étiquette de la bouteille du vin à venir qui sera nommé « Cuvée Coteau de l'Élisette » par allusion au vocable d'Élisette ironiquement donné par les journalistes de Québec à la maison de la rue des Braves, du temps du règne de M. Parizeau à Québec. Mais le moment le plus spectaculaire survint à minuit, au moment de chanter la chanson d'usage en levant son verre. À quelque deux cents pieds de la grange, un petit ruisseau se déversait en partie dans une mare faisant étang. J'avais demandé aux invités de se déplacer le long d'un corridor formé par des torches allumées et de s'approcher, en cette nuit d'encre, du plan d'eau auprès duquel une tente blanche abritait sur une grande table, une pyramide de verres en cascade, que l'on remplit en une seule fois en versant le champagne sur les verres du haut. Lorsque tous furent servis, je tendis à M. Parizeau un cœur rouge que j'avais découpé et peint dans une matière légère et sur lequel j'avais collé une bougie. Chaque invité reçut le sien. Soixante-dix ans représentés par soixante-dix cœurs ! On les alluma et on alla les déposer sur le ruisseau où ils firent apparaître sur l'eau des dizaines de petites lucioles timides et tremblantes qui fêtaient à leur manière chaque année de la vie bien remplie d'un grand homme. J'ai rarement vu plus beau spectacle que celui de cette fin de nuit féerique.

La même année, et bien que nous ne nous soyons pas fréquentés de façon assidue, M. Parizeau, reconnaissant, accompagna sa femme à ma soirée d'anniversaire. Il se mêla à mon groupe d'amis, la plupart d'entre eux lui étant inconnus, sauf peut-être Alvaro, mon éternel et merveilleux ami – également coiffeur de Lisette – et le psychanalyste Guy Corneau. J'appréciai sa générosité à mon égard. Mais jamais sa grandeur ne se sera manifestée davantage à mes yeux qu'à un autre moment où, m'entraînant sur son balcon, en une fin d'hiver très vif, un verre de vin à la main, il m'expliqua son pays. Tous les deux assis sur des chaises de jardin posées dans la neige, il me fit remonter avec lui jusqu'aux heures glorieuses d'une carrière politique, omniprésente dans sa vie. Il me parla chantiers navals, main-d'œuvre, réalisations, finances et polémiques, solutions trouvées ou abandonnées. J'étais là, coite, face à ce géant qui m'expliquait clairement les méandres des décisions politiques prises au cours de l'histoire de *mon* Québec et de leurs possibles répercussions, bonnes ou mauvaises, sur ce qui aurait pu ou dû être. Quel moment privilégié!

Je l'ai dit et le répète: la politique – tous partis confondus – reste pour moi un grand, très grand mystère. J'en reconnais la suprématie, la primauté du suffrage populaire, mais ne peux me résigner aux conflits et intérêts, souvent personnels et faussement idéologiques, qui en font partie. Nos leaders ne sont que des hommes après tout. Plus soucieux des réalités, plus instruits, plus visionnaires que le commun des mortels peut-être, mais trop souvent entourés d'une cour moins bien intentionnée, plus carriériste et qui, sous prétexte d'aider, risque souvent de faire glisser les meilleures intentions dans des affaires plus ou moins manigancées. Je ne peux m'empêcher d'adopter une distance quelque peu cynique devant la possible manipulation de mes croyances en une cause.

Je ne vous parlerai ici ni du parti ni de l'homme, sinon d'un exemple illustrant ce genre de machination que j'exècre. J'arrive un jour à une réunion où doit se prononcer un discours politique. En train d'établir l'ordre de la soirée, attachés politiques et de presse bourdonnent comme des abeilles autour du ministre invité. Je surpris bien malgré moi une conversation pour le moins intrigante :

« Oui, il est déjà en place et il vous attend. On l'a placé en bas de la passerelle, juste devant les photographes. Il faudra vous arrêter quelques secondes à votre gauche avant de monter au podium. »

Qui cela pouvait-il être ? Sûrement une huile importante prête à soutenir le parti de sa présence. Cela allait de soi, ce soutien devait être souligné de manière non seulement significative, mais publique. Je scrutai donc la passerelle pendant l'arrivée de la délégation et j'aperçus notre homme politique se placer à côté... d'un illustre inconnu... assis dans une chaise roulante. Ah ! le voilà donc cet inébranlable futur leader, cet « homme si près du peuple », défenseur des plus faibles et directeur d'un nouvel ordre social prêt à soutenir les malades et ceux qui revendiquent une intervention gouvernementale plus efficace en matière de santé. Bon, la photo est prise et l'on peut maintenant rayer de la liste la nécessité de consolider l'image de l'intention de s'occuper plus adéquatement des problèmes de la santé, thème adopté par tous les partis en cette période de restrictions. Le but était évident, la photo en faisait preuve, l'enjeu politique le demandait et il allait en faire son cheval de bataille dans la course au pouvoir. La santé ! C'est ce que le peuple réclame ! Et c'est ce dont le peuple bénéficiera s'il vote pour nous. Tout ça c'est de l'« insémination de pucerons » et ça m'énerve prodigieusement. On a du mal à concevoir qu'une photo en préélection puisse faire partie des choses importantes à faire et des gestes concrets à poser.

Il existe parfois, et c'est ce qui m'en éloigne, un aspect très improvisé à la politique. C'est Churchill qui a dit : « Un politicien doit avoir la capacité de prédire ce qui aura lieu demain, la semaine prochaine, le mois prochain et l'année prochaine. Il doit aussi avoir la capacité d'expliquer par la suite pourquoi ça n'a pas eu lieu. » Il n'y a qu'à voir la vitesse avec laquelle on improvise hâtivement des conférences de presse, que ce soit pour répondre rapidement à la moindre question susceptible de soulever la controverse ou pour faire feu de tout bois face aux événements du quotidien pouvant octroyer sur l'heure un capital politique de bon aloi. Quitte à tout renier le lendemain si ça risque de tourner mal, comme si nous étions atteints d'amnésie collective ou incapables d'analyse juste, et c'est ce qui m'inquiète au plus haut point. Aux revirements de certaines situations, on voit la meute s'activer et essayer de trouver rapidement une solution de rechange qui conviendrait à tout le monde, mais surtout à l'image de la rectitude politique et de son chef. S'ensuivent une série de gestes et de déclarations qu'il faut ensuite soutenir, tout en réalisant que ce n'était peut-être pas la direction à suivre, mais qu'il est trop tard pour s'en déprendre. Reste toujours la possibilité de remettre la faute sur le dos de l'autre en feignant un manque de concertation par la suite. Les premiers ministres sont entourés de « ministres-sbires » qui, animés soit par le militantisme, soit par la crainte de perdre les privilèges et le prestige de la fonction qu'on leur a assignée, sont prêts à se sacrifier pour la cause et à prendre sur eux le blâme d'une erreur faite par le leader lui-même. Ce qui importe est de garder l'image du dirigeant forte, intacte et intouchable. L'honneur est sauf, car à partir de leurs réponses se crée l'impression d'une classe politique en contrôle, qui n'a rien à cacher, alors qu'elle est, en réalité, aux antipodes de la solution. Solution dont on ne s'approchera un tant soit peu qu'après consultation visant à démêler deux intérêts difficiles à concilier : celui du parti et de son image et celui du peuple. C'est alors qu'on entonne la mélopée des paroles habiles et creuses, disant tout et son contraire, et comme elles se dirigent vers un peuple saturé de demi-vérités et de manipulations bien orchestrées, on noie lentement l'envie des électeurs de s'impliquer davantage, laissant les coudées franches à un groupe de clowns ayant intérêt à maintenir le chef au pouvoir. Ils ne sont pas tous comme ça. J'irais même jusqu'à dire que la plupart croient profondément en la justice intrinsèque de leurs décisions. L'ennui, c'est qu'elles sont prises en fonction de la fidélité à une personne – celle du chef – ou d'une idéologie liée au parti, et que l'on doit souvent déformer la vérité pour régner.

Vous le constatez, mes vues quant à la chose politique sont assez sombres et, disons-le, limitées, voire primaires. Or je suis par ailleurs dotée d'un caractère entier, et j'aime savoir où je mets les pieds. On m'a souvent demandé de m'impliquer en politique, à l'échelle tant municipale que nationale. Même M. Péladeau, à une certaine époque, me suggérait de faire le grand saut et de briguer la direction du ministère de la Condition féminine. Il était prêt à appuyer ma candidature... et mon élection à l'aide d'articles bien ficelés, soutenait-il. Je me suis attardée à l'idée un certain temps mais, finalement, l'explication de tout ce que j'aurais à faire, à accepter, à éviter, à taire, à prétendre, à planifier en secret a eu raison de mes velléités politiques. Il me restait ma bonne conscience : mes vues étaient sans doute trop pures, plus solidaires du peuple que du Parti et je n'étais pas prête à me soumettre aux règles du jeu. Diriger pour améliorer, soit. Je veux bien. Mais pas au prix d'y vendre mon âme.

Mais je suis bien loin de ces considérations quand Henri se décide enfin à arrêter sa course folle de boutiques en monuments et à aller prendre un verre dans un hôtel sympathique, décoré dans le plus pur style florentin. Avec l'apéritif, monsieur commande également un dessert. Pourquoi pas ? J'ai si mal aux pieds. Une fois assise, la vision d'immenses et nombreuses ampoules aux talons et aux orteils me fait craindre pour les visites du lendemain. Je ne sais comment l'annoncer à Henri qui, la tête dans le menu, est occupé à choisir une pâtisserie crémeuse à l'italienne et qui ne semble pas plus affecté qu'il ne le faut par de telles considérations. Chez lui, pas de fatigue. Rien n'y paraît. On ne se plaint pas d'avoir mal aux pieds à quelqu'un qui a dû se soumettre à une radiothérapie qui lui a brûlé la gorge au point de devoir, pendant un an, s'alimenter au moyen d'un tube planté directement dans l'estomac, puis de s'anesthésier ensuite la gorge pour pouvoir avaler une simple soupe. C'est pourquoi je le regarde vivre, goûter, s'extasier et profiter de tout avec tellement de plaisir. Rencontrer la maladie chez les êtres que l'on aime est presque comme être confronté à sa propre mort : c'est le même sentiment de peur, d'impuissance, la réalisation de la pauvreté de nos capacités à les guérir. Il n'y a d'autre choix que d'adopter et de projeter un optimisme d'acier, comme si notre force pouvait les sauver, porter leur maladie et leur vie vers des sphères plus heureuses, car c'est de la nôtre également qu'il s'agit un peu.

« C'est bon, Henri, ce que tu manges ?

— Non, je n'aime pas ça.

— T'en as mangé les trois quarts, il ne te reste plus qu'une bouchée, pourquoi continues-tu ? »

Henri se tourne vers le maître d'hôtel :

« Monsieur, pouvez-vous m'apporter le menu, s'il vous plaît ? Je n'aime pas ce dessert, je veux en changer…

— Mais bien sûr, monsieur, on va vous le changer, et sans frais. »

M'enfin Henri ! il n'en reste plus !

Je te jure, y'en a parfois qui ont le cul béni !

Vérone

> « Vous qui croyez avoir tout vu,
> Vous qui avez voyagé, qui avez lu,
> Que plus rien jamais n'étonne,
> Bienvenue à Vérone »
> Extrait de la comédie musicale *Roméo et Juliette* (Gérard Presgurvic)

Pour la première fois depuis le début du voyage, Henri m'énerve. Enfin, ce n'est pas tellement lui que cette habitude, séculaire et commune à tous les hommes, de ne jamais demander son chemin lorsqu'il est perdu. On est perdus et il refuse catégoriquement de s'arrêter pour s'informer.

« On trouvera bien tout seuls !

— Oui, mais si on demandait… »

On finit par demander… et on se retrouve, pour la cinquième fois, devant la rivière Adige et son pont à sens unique qui nous oblige à reprendre la même direction. On tourne en rond dans la noirceur de fin de journée, à la recherche d'une chambre près des arènes qu'on se propose de visiter le lendemain.

« Prends à gauche, Henri, change de direction, sinon on se retrouve à notre point de départ. »

Il n'en est pas question, Henri insiste pour longer la rivière car, dans sa logique toute masculine, il lui semble que les hôteliers ne peuvent faire autrement que de construire face à l'eau, ce qui donne plus de prestige à l'hôtel. En attendant, nous sommes dans un quartier résidentiel, et d'hôtels, il n'y a point.

Une heure plus tard, harassés et ressentant, pour ma part, le besoin urgent d'un verre de vin pour calmer les fumerolles d'impatience qui s'échappent de mon cerveau, on finit par trouver le centre-ville et notre pied-à-terre pour la nuit.

L'hôtel, choisi au hasard, nous enchante. Moderne, mais tout aussi joli dans sa simplicité et son raffinement que les autres monuments à torsades, volutes et rosaces, omniprésents dans la ville.

Le matin venu, je dépose mes pieds, abîmés et endoloris par les kilomètres qui s'accumulent, dans mes sandales plates et de plus en plus éculées. Je suis fin prête à emboîter le pas à la cadence insensée d'Henri, toujours en quête d'images à engranger. Cependant, comme à l'habitude, le passage à travers les dédales de boutiques est obligatoire. C'est quand même invraisemblable qu'il puisse être plus dépensier que moi ! Mais, avouons-le, la mode italienne lui va à ravir. Et quel goût dans ses choix !

Quant à moi, tout ce qui me plaît coûte à peu près l'équivalent de mon billet d'avion. Pour un voyage non planifié, ce n'est pas l'idéal.

Nous débouchons finalement sur l'immense Piazza di Bra, ceinturée de remparts médiévaux curieusement surmontés de créneaux en forme de fourches que certains guides comparent à des pinces de homard. Ces remparts mènent au Ponte Scaligero, un pont aux nuances d'ocre et d'orangé, qui lui-même mène au Castel Vecchio : le vieux château, qui doit sa réputation au fait d'avoir refusé d'héberger… Napoléon Bonaparte. Il y avait demandé asile lors d'une de ses campagnes afin de pouvoir y loger ses hommes, mais la population, rétive à l'idée qu'il puisse enrôler les jeunes Véronais dans une guerre qui n'était pas la leur, lui en avait refusé l'accès. Quelle ville peut avoir l'audace de refuser un héros ? Plus tard, lorsque les habitants de Vérone se rebelleront contre les forces d'occupation françaises, Napoléon, par vengeance sans doute, détruira la moitié du château. Fouler le sol de ce lieu historique ne peut que m'étonner. Henri et moi nous faisons abondamment photographier dans ce site où chaque coin et recoin recèle une nouvelle merveille. Et pourtant, ce n'est pas que nous ayons généralement le culte du « prends-moi-en-photo-pour-prouver-que-j'y-étais », sauf peut-être à Venise où nous viendra cette même urgence : garder sur pellicule l'intensité du moment. Je suis captivée par le climat médiéval de Vérone au point de regretter d'avoir été conçue au XXe siècle. Je ne peux m'empêcher de ressentir une certaine nostalgie face au côté romanesque et aux façons de vivre du passé. Mis à part une hiérarchie trop sectaire et un sens des convenances et du décorum exagérés, sans mentionner les aspects terriblement cruels et barbares du passé, l'idée d'un esprit chevaleresque, aujourd'hui révolu, ne cesse de me hanter et d'attiser ma curiosité et mon désir de connaissances. Mais, tant qu'à rêver, mieux vaut ne conserver que le souvenir d'un faste dont l'histoire se transmet dans chaque monument. Je sais bien que dans ces mêmes arènes que nous allons visiter dans quelques minutes ont eu lieu les massacres de nombre de chrétiens et des joutes barbares carrément meurtrières. La vocation de ces lieux a toutefois pris de nos jours un tournant plus civilisé, puisque Vérone accueille maintenant, en ses gradins et scènes surélevées, des troupes lyriques du monde entier et que s'y pressent, chaque été, près de trente mille personnes, en smoking et robe du soir, venues écouter les plus beaux opéras du répertoire. Face au fronton, on annonce justement pour le soir même la représentation d'*Aïda*, l'opéra de Verdi. Je n'ai jamais assisté à une représentation d'*Aïda*, ayant raté le spectacle présenté au Stade olympique de Montréal et j'ai, cette fois, une furieuse envie de ne pas le rater à nouveau. Comme toujours, chaque fois que je m'extasie sur quelque chose, Henri se demande comment il pourrait partager pleinement ma passion. Mais, curieux et bon prince, il est prêt à m'accorder ce temps de découverte afin de parfaire ses propres connaissances. Et, cette fois, il veut assister au spectacle. L'opéra, très peu pour lui, mais si c'est pour apprendre ! Je trouve cela remarquable. Bien d'autres m'auraient entraînée ailleurs pour me distraire de ma lubie, pas lui ! Il se prend donc du même engouement à vouloir trouver des billets pour la représentation du soir. Mais de billets, il n'y en a point ! Les revendeurs autour du temple lyrique font culminer les prix dans les 500 dollars… une extravagance à laquelle je me refuse. Et si l'on mettait nos noms sur la liste des annulations ? Cette liste, apprendra-t-on, comporte déjà une cinquantaine de noms. En attendant, nous nous promenons sur la place, entre les décors des quelque six productions de la saison. On se croirait à Disney World ! En effet, dans l'impossibilité de ranger adéquatement les décors des différents opéras, on en a remisé les éléments devant les arènes. Se promener tout à côté des gigantesques personnages, gladiateurs, sphinx et autres animaux mythiques, tous en attente de leur heure de gloire, équivaut sûrement à l'émoi des fourmis juste avant qu'on ne les écrase ! Jouer la comédie ou chanter dans un tel décor doit être une expérience d'une féerie sans nom et le souvenir de la sensation de monter sur scène – l'ayant fait maintes fois moi-même – m'étreint encore le cœur. Je ne peux qu'imaginer la sensation décuplée, que même un artiste pourvu du talent si rare d'une voix exceptionnelle, doit ressentir en ces lieux vénérables. Quel que soit son métier, voire sa renommée, je n'ai pas connu un seul artiste qui puisse échapper au trac d'un soir de première, lorsque l'angoisse fait tournoyer la tête jusqu'à la nausée. Puis, un drôle de phénomène te fait soudain découvrir ton cœur, jusque-là si sage dans ta poitrine et qui se fait maintenant sprinteur. Les poumons, privés d'air, soulèvent ta cage thoracique à un rythme inquiétant et l'oppression accélère les pulsations du cœur qui se propagent, en une cadence frénétique, à la veine du cou et aux tempes où elles battent un tambour creux et cadencé. La chaleur monte dans tout le corps, puis redescend vers les genoux au point de te mener au bord de l'écroulement. L'œil n'a plus de repères, l'oreille embrouille les sons et le sol t'attire inexorablement vers l'avant pour te faire trébucher. S'ensuivra une panique qui fera s'évaporer chacune des répliques si laborieusement apprises au cours de nombreuses heures de répétition. Combien de fois ce maudit trac m'a-t-il fait regretter plus que tout au monde la décision tellement stupide d'avoir choisi ce métier, confirmant le peu d'estime que je devais avoir de moi-même pour me faire rechercher de tels tourments… jusqu'au moment des applaudissements, moment durant lequel la peur de mourir « dret'là sur scène » est remplacée par une euphorie qui te porte allégrement, béate, jusqu'à la prochaine production. Mais j'y pense… autre constat phénoménal : la tête qui tourne, le pouls accéléré, les genoux qui flanchent, tous ces symptômes que je viens de vous soumettre ne décrivent-ils pas exactement ce que l'on ressent à la naissance d'un grand amour ? Vérone n'est-elle pas aussi la ville de l'amour, la ville de Juliette et du rêve inatteignable de Roméo ? Et justement, parlons-en de cette mystérieuse romance.

Un peu plus tôt, en marchant de par les rues, j'avais remarqué un attroupement devant une grille. Vedette en cavale ? Vol à la tire ? Spectacle impromptu ? Oui, c'en est un, car une affiche me fait savoir que je suis presque sous le mythique balcon de Juliette, là même où Roméo lui aurait déclaré sa flamme. Mais enfin, qu'est-ce qu'ils ont tous ? Shakespeare n'a jamais mis les pieds à Vérone !!! Roméo, tout autant que Juliette, n'a vécu que dans l'esprit romanesque d'un auteur qui s'était lui-même inspiré d'un autre auteur. Et voilà que tout un chacun vient vénérer, comme si c'était un lieu sacré et réel, un balcon construit longtemps après l'époque des événements rapportés par le Barde. Et pour rendre la chose plus authentique sans doute, une statue de bronze de Juliette se profile sous ce fallacieux balcon, statue dont le sein droit, luisant de multiples frottements – et pourquoi pas le gauche, qui est celui du cœur après tout ? –, laisse prévoir qu'on verra au travers un de ces jours, c'est certain. La croyance veut que de poser ainsi la main sur le sein de Juliette porterait chance en amour. Il faut vouloir aimer à tout prix ! Il faut surtout vouloir y croire !

Ce qui me ramène à mes éternels questionnements sur la présence en nous de la croyance, de la foi en quelque sorte et de son pouvoir. Finalement, je suis davantage disposée à étendre mes superstitions à ces pratiques amoureuses païennes qu'à celles prônées par la religion, car l'incorrigible romantique que je suis reste pleine d'espoirs quant à la gent masculine. J'ai beaucoup aimé et en ai gardé des souvenirs heureux qui sont devenus plus lucides avec l'âge. Drôle tout de même que l'on juge souvent les femmes au nombre d'hommes qu'elles ont fréquentés dans leur vie, et non le contraire. Je n'ai pas peur d'affirmer qu'on m'a beaucoup courtisée, souvent à cause de l'aura de « femme ouverte » véhiculée par mes premiers personnages au cinéma, moins souvent par intérêt pour la femme qui avait davantage à offrir que l'impression qu'on s'en faisait. Les êtres superficiels qui, pleins d'images salaces, s'y sont hasardés ont découvert une femme normale et m'ont délaissée, faute de carburant érotique. Je dois ajouter, à ma seule décharge, que d'accorder des mérites à des hommes qui n'en avaient pas m'a beaucoup fragilisée. À la recherche de l'être sensible, j'étais chaque fois partante pour une relation que je croyais réelle et sincère avec, au bout du compte, une profonde envie d'engagement. Et c'est peut-être ce désir trop intense qui a toujours tout fait rater. Je me suis rendu compte que j'avais accordé un temps précieux à des êtres qui souvent ne le méritaient pas. Il y a eu des exceptions – plus que moins, évidemment! J'ai eu dans ma vie des amours heureuses et des êtres adorables à mes côtés – Henri par exemple, de qui je suis restée très proche – qui ont compensé pour certains crétins qui m'ont profondément affectée. Je suis en effet restée une amie fidèle pour chaque être qui a su m'aimer un temps, même peu, même mal, et j'entretiens avec bonheur le plaisir de partager, une fois l'an, un repas avec chacun d'entre eux, histoire de poursuivre le plaisir de ce qui était, plutôt que de ce qui n'a pas été. Égoïstement, je ne garde que le meilleur, ne laissant ressurgir finalement que les raisons véritables qui avaient créé l'attachement au départ.

J'explique même mon mariage, qui n'a duré que trois ans, par cette prémisse: à trente-huit ans, j'avais reçu plein de demandes en mariage, mais je m'éloignais dès que l'on me formulait le désir de m'enfermer dans la case rigide du contrat selon lequel tu «appartiens» désormais à quelqu'un. J'ai dit oui à Hubert, mon premier et seul mari, de façon spontanée. La grande demande s'est faite par une matinée orageuse de juin, quelques jours à peine après notre rencontre. En ce début de dimanche tout gris, nous étions attablés à une terrasse sous un parasol face au lac des Sables à Sainte-Agathe, à l'abri d'une averse diluvienne. Il m'avait semblé merveilleux qu'il soit prêt, comme moi, à affronter les éléments déchaînés de la nature, quitte à se retrouver trempé jusqu'aux os. J'ai été séduite par son âme aventureuse.

« ... et je crois qu'on devrait se marier ! » m'a-t-il dit.

Sans répondre d'abord, j'ai scruté son regard quelques instants, cherchant à découvrir peut-être s'il me serait vraiment possible de me soumettre sans restrictions à un amour si récent. Il faut dire que la scène était idyllique. Je n'ai pas attendu l'arrivée du doute, qui m'aurait sûrement fait réfléchir davantage et plus intelligemment, et je me suis convaincue qu'ayant depuis si longtemps fui la responsabilité de l'engagement, je risquais peut-être de passer, encore une fois, à côté de quelque chose de merveilleux et que cette fois serait une fois de trop. Spontanément, j'ai décidé de ne plus me désister et lui ai répondu de but en blanc : « Donne-moi une date ! » À ce moment précis, une grosse boule de feu s'est formée à mille pieds devant nous : la foudre accompagnait ma réponse et... la cérémonie eut lieu le 17 août de la même année.

Tout de suite après l'échec de mon mariage, une autre aventure amoureuse se soldait à nouveau par un échec. Pour reposer mon petit cœur, malade de tant de déceptions et de n'avoir jamais pu remplir son grand besoin d'amour, j'ai peu à peu opté pour la solution draconienne du détachement. N'y parvient pas qui veut. Il me fallait le faire par étapes. Habitée par ce nouveau vœu pieux, l'ingrédient essentiel, croyais-je, résidait dans la sélection du partenaire. Délibérément, je me suis mise à choisir des êtres charmants auxquels je donnais avec honnêteté mon attention, mais dont j'étais certaine de ne jamais tout à fait tomber amoureuse. L'homme était présent, certes, mais je gardais les efforts de séduction au point mort : le sabotage amoureux assumé. J'avais l'ultime conviction que je me guérirais ainsi du besoin d'être avec un homme à tout prix, selon le modèle enseigné par ma mère et dicté par la société. Toute partisane de la liberté que je sois, on ne peut vraiment dire que j'y ai souscrit entièrement. Je serais désormais – du moins le pensais-je – du genre « chacun chez soi » et « quelquefois ensemble » chez l'un ou chez l'autre. Il fallait me garder un refuge où m'échouer et me conforter des batailles que menait mon esprit pour trouver l'équilibre entre partage et solitude. C'était cependant jouer contre ma nature, l'homme finissait par devenir utile par sa présence, je retombais dans mes habitudes et je fis à nouveau de mauvais choix. De ces rencontres stériles, j'acquis vite la certitude que je faisais fausse route en choisissant un partenaire sous un faux prétexte et que la solution du bonheur résidait sans doute dans la solitude, quitte à trouver de temps à autre et en cas d'urgence des partenaires d'extase, prêts à vivre l'aventure sexuelle et rien d'autre. Je suis restée longtemps dans ce *no man's land* reconstituant. Huit ans sans besoin de rapprochement affectif. Le plus beau cadeau que je ne me sois jamais fait ! Il me fallait me retrouver d'abord et comprendre qu'il me faudrait désormais donner à plus méritant que je ne l'avais fait auparavant. J'avais, entre autres, cette habitude acquise dans le noyau familial de toujours combler les désirs de l'autre sans jamais éprouver le besoin de faire valoir les miens, certaine que l'attention déployée ne pouvait m'amener que respect, admiration, amour, voire fidélité. En identifiant mes réels désirs, j'ai réalisé qu'il était légitime d'exiger qu'on accepte mes aspirations d'abord et que je ne pouvais paniquer à l'idée que de les imposer puisse me mener à la solitude. La solitude, ce gouffre de douleur, ce trou noir de l'existence, ma peur et ma fascination à la fois. Ne me restait plus qu'une solution, celle de couper les ponts et de ne plus adopter qu'un seul chemin : moi-même. J'ai donc apprivoisé la solitude. Elle est devenue mon havre de paix, ma complice, ma retraite bienfaisante, ma sérénité, mon besoin viscéral, ma source de renouveau. M'y retrouver ne me fait et ne me refera plus jamais peur.

En contrepartie, pour moi si peu habile à conjuguer la connivence au féminin, mes rencontres avec les femmes se sont désormais faites facilement, et ce, par le biais des confidences. Carriériste essentiellement soutenue par les hommes, mes amitiés au féminin ne s'étaient pas facilement épanouies. Mais une fois éloignée du joug amoureux des hommes et n'ayant plus rien à raconter sur ma vie sentimentale, celle des autres m'est devenue fascinante à écouter et ces récits m'ont fait le plus grand bien. Comme si j'y trouvais ce qui m'avait toujours manqué : ne plus être seule à vivre le difficile jumelage de l'amour et du quotidien. J'ai plusieurs copines, plus jeunes que moi, pour lesquelles je suis devenue une sorte de confidente fidèle, une présence discrète et sans jugement. Je suppose que je représente pour elles l'expérience ou, tout au moins, l'image d'une certaine sagesse, conquise en apprenant à m'aimer davantage. Sans aucune prétention de détenir « la » vérité, je leur enseigne ma version toute personnelle de l'autonomie et la façon de reconnaître la merveilleuse puissance de nos vrais besoins. C'est du moins la leçon que m'a enseignée l'isolement. Or je vois bien que les relations ne sont pas plus simples pour elles qu'elles ne l'ont été pour moi. Elles sont la plupart du temps seules… et malheureuses de l'être. Des filles splendides, autonomes, vivantes, généreuses, libres… et seules. Je ne suis donc pas la seule victime de cette situation dans laquelle l'amour, le vrai, n'est pas au rendez-vous. Il m'arrivait de me dire dans mes moments d'isolement : se pourrait-il que je perde de beaux moments de tendresse ? Comment savoir le trouver, cet amour, sans souscrire à tous les pièges qui l'accompagnent ? Comment y retourner sans souffrir ? Qu'ai-je appris et comment l'appliquer aujourd'hui ? Et la réponse demeure encore que je ne le sais pas. Mais une rigoureuse honnêteté quant à ce que l'on ne veut plus subir est un grand départ. Je peux enfin dire que j'en suis à une merveilleuse étape de ma vie. À vingt ans, j'étais sûre de ce que je voulais : je voulais tout ! À quarante ans, je ne savais plus ce que je voulais, mais je savais par contre ce dont je ne voulais plus. À mon âge, j'ai enfin la certitude de savoir ce que je veux ET ce dont je ne veux plus. Et plus jamais je ne tolérerai chez l'autre une conception du bonheur et du respect inférieure à celle que je mérite. Encore m'a-t-il fallu découvrir que de l'exiger n'appelle aucune sanction et qu'il y a pire que la solitude. Je peux maintenant être seule sans souffrir. Peut-être ne trouverai-je jamais l'âme sœur, mais je conserve une foi inébranlable en l'amour qui me fera faire, j'en suis sûre, encore quelques folies. Touchons du bois… ou l'autre sein de bronze de Juliette ! Pourquoi pas ? Ah la foi !

Entre-temps, Henri, toujours aussi tenace, espère encore une place pour le concert du soir. Plus le temps passe et plus l'évidence que nous n'aurons pas de billets devient manifeste. Pleine d'espoir, je me dis que si nous restons sur la place, quelque mélodie enchanteresse ne peut faire autrement que de traverser les murs et qu'à défaut de la féerie du spectacle nous pourrons tout au moins en apprécier la musique. Henri suggère de nous installer à une terrasse donnant sur la place, le plus près possible des arènes, afin de récupérer par-delà les murs quelques airs de cet opéra inaccessible. Très tôt, nous avons choisi une table à deux, commandé un vin bien frais, choisi notre repas en nous laissant croire que nous avions une bien meilleure place que tous ceux qui, en robe du soir et habit de gala, se dirigeaient vers les gradins en ayant payé une fortune. J'aurais bien mon concert malgré tout ! Eh bien… oh que non ! Pas une note ne s'est envolée au-dessus de la muraille. Me voyant toute déçue, Henri me dit : « Demain, avant de partir, on ira chez un disquaire, je t'achèterai l'opéra et on l'écoutera dans la voiture. » Que je l'adore, mon petit camarade ! De fait, le lendemain, il tiendra promesse. Il entre chez le disquaire, je le suis et trouve dans les rayons le disque convoité :

« Tiens, Henri, le voici ! »

Henri retire ses lunettes de soleil, se met à consulter l'arrière de la pochette et s'écrie :

« Ben, ça ne m'intéresse pas trop… Je connais personne là-dessus. Je n'ai jamais entendu chanter Verdi.

— Ben voyons, Henri ! Verdi, c'est le compositeur de la musique… pas un chanteur !

— Tu pourrais pas trouver un opéra chanté par quelqu'un dont je connais la voix ? Je serais moins dépaysé. Pavarotti, Domingo… »

Je repars vers les rayons et trouve *Il Trovatore*, un opéra de Verdi que je connais moins, mais chanté par Pavarotti cette fois. Je tends la pochette à Henri qui, encore une fois, consulte la liste des interprètes à l'arrière.

« Ben, ça non plus, ça ne m'intéresse pas trop.

— Pourtant, c'est chanté par quelqu'un que tu apprécies.

— Oui, mais regarde la liste derrière, Danielle. Tout un disque et Pavarotti ne chante qu'une seule chanson ! »

Bon... que puis-je ajouter ? Je t'aime, Henri ! Inconditionnellement.

Pise

« Au ciel de qui se moque-t-on ?
Dieu, s'il existe, il exagère »
Dieu s'il existe (Georges Brassens, chanté par Jean Bertola)

Dans cette Italie où tout m'apparaît pénétré de douceur et de lascivité, le jumelage éternel entre les plaisirs terrestres d'un côté, et la religion de l'autre, crée une étonnante dichotomie. Des chapelles, des églises, des nefs, des croix et de gigantesques monuments, érigés par la foi des habitants, surgissent à tous les détours. Il n'y a que la Grèce pour en posséder autant. Le plus grand athée d'Italie te parlera avec chaleur de la beauté de l'église de son village, la mettant au premier plan des sites incontournables de sa région. La moindre parole associée à l'appréhension d'un malheur se soldera par un signe de croix furtif, s'apparentant davantage à la superstition qu'à la religion. Et pourtant, mêlé aux croyances ancestrales, règne également un mode de vie en toutes choses empreint de raffinement sensuel lequel, on le sait, n'est qu'incitation au péché.

Mais les Italiens semblent avoir appris à faire intelligemment la part des choses. J'avais un ami, pour ne pas dire un amant qui, profondément croyant, me disait tout le temps lorsqu'il était question de gaudriole : « Dieu n'a rien à voir là-dedans », ce qui arrangeait bien sa morale et les permissions qu'il se donnait d'être aussi libéral et aventureux que possible dans ses amours. Ne résiste en Italie, du moins chez les plus jeunes, que la force de la tradition : mariages, baptêmes et funérailles, fussent-ils tous empreints de l'esprit divin, n'en restent d'ailleurs qu'une façon joyeuse et civilisée de mettre en évidence le respect de la famille, de l'amitié, et le plaisir du partage par la fête, et Dieu n'a pas grand-chose à voir là-dedans ! Et si Pise ne semble pas de prime abord honorer plus que les autres villes une tradition de chrétienté – et j'insiste sur le « de prime abord » –, j'y ai observé à mon sens plus de ferveur dans la volonté d'y ériger des églises projetant une image de sobriété que dans le clinquant de certaines cathédrales. Quant à sa tour, spectaculaire dans le décor, elle évoque pour moi un repère ésotérique, dont l'esprit fantastique et le pouvoir mystique me rappellent – pour faire un parallèle – un peu ceux des pyramides mayas de Chichen Itza.

En arrivant à Pise pourtant, je découvre une ville vaste et moderne, différente des agglomérations tortueuses qui définissent souvent l'Italie. Enfin, je parle de ce que j'ai pu voir de Pise, car Henri marche encore à l'allure d'un jet à propulsion et, malgré toute ma bonne volonté, je n'arrive à le suivre qu'à deux ou trois mètres derrière, sans jamais pouvoir le rattraper. Son habitude, toutefois, de s'arrêter à toutes les échoppes est providentielle pour l'acheteuse en moi, qui n'a pas à le stopper afin de pouvoir fouiner aux étals. Il n'a pas cette mauvaise habitude, courante chez les hommes, de te laisser fureter quelques minutes, puis de disparaître pour te forcer à le suivre, à moins que tu ne veuilles te retrouver seule, perdue, occupée à le chercher plutôt qu'à t'adonner aux plaisirs du shopping. De ce marché à ciel ouvert nous ressortirons, lui avec un sac de cuir – enfin un cadeau pour lui – et moi avec la copie d'un sac Vuitton assez grand pour que je puisse y grimper à pieds joints.

L'avantage des villes où tout tourne autour d'une seule attraction est que l'on s'y retrouve facilement. Même en s'égarant, des indications à chaque coin de rue nous ramènent sur le droit chemin. On pourrait croire que Pise n'existe que par sa tour penchée, quelle fut donc ma stupéfaction en débouchant de l'espèce de souk qui ceinture le périmètre de l'immense Campo dei Miracoli, de retrouver sur ce dernier trois édifices en enfilade, dont la tour, d'apparence chétive à côté de ses voisins. Je ne l'avais jamais imaginée ainsi entourée.

Les autres édifices, dont je n'avais jamais soupçonné l'existence, m'attirent cependant davantage. On ne peut que s'extasier devant la pureté des façades lisses, de marbre blanc laiteux et vert tendre, du Duomo et du Baptistère, chefs-d'œuvre grandioses, érigés dans la ferveur, tout à côté de la tour. L'acoustique du baptistère est d'une perfection telle qu'on raconte que, les soirs de concert, la musique et les chants s'entendent jusqu'à deux kilomètres de distance. Tandis qu'Henri semble s'être égaré, moi, comme une petite fille happée par les galeries secrètes d'un château, j'emprunte un escalier dérobé à l'étroitesse oppressante qui me mène sous la coupole, là où les solives sont les témoins silencieux de toute l'histoire de la structure. Au bout d'un moment, à peine inquiète de la disparition d'Henri tant je suis absorbée par la découverte de ce décor, je finis par le retrouver, je ne sais trop comment, face au portail sculpté de l'entrée. Rien de plus insolite que ce portail : ses personnages en relief illustrent sans doute quelque extrait de l'Évangile mais j'y vois plutôt une histoire fantastique, puisée dans quelque grimoire oublié. Ces créatures étranges, ornées de fioritures et typiques du style roman toscan, répondent au nom de « grotesques ». Bien mal nommées à mon avis.

Mais enfin la « mère » a retrouvé l'« enfant ». Non pas que je veuille faire office d'image maternelle auprès de mon camarade, mais il lui arrive souvent de se perdre dans le décor : il se balade, absorbé par l'exploration de tant de choses nouvelles, insensible à tout sauf à sa découverte. Le temps, l'espace, les gens… moi entre autres, disparaissent pour ne lui laisser que le loisir d'errer là où son regard le mène, quitte à s'égarer. Comme un enfant ! À nouveau me hante le regret de ne pouvoir me promener avec un homme aimé à qui je ferais découvrir tous mes étonnements. Quoi de plus agréable que de tout partager en se tenant par la main ? Ce qui règle le problème du rythme de la visite. Or l'amitié sous-tend malgré tout que l'on reste parfois seule. Pour moi qui ai, depuis quelque temps, délibérément choisi le difficile mais salutaire chemin de la solitude, pourquoi faut-il que le souvenir du simple geste de marcher « collé-collé » à son amoureux vienne, de façon récurrente, souligner mon isolement et la fragilité de cette démarche visant à mieux me retrouver ?

Il y a longtemps pourtant, Henri était cet amoureux que j'ai délaissé et, avec lui, sa présence, son sourire, ses caresses. Et aujourd'hui, en le regardant, pourquoi la seule tendresse persiste-t-elle au lieu d'un grand amour ? Que le cœur est compliqué de compartimenter ainsi, sans explication, ses motifs. Les rechercher risquerait de faire peur ou mal, de dérégler cette solitude que je m'impose, de bouleverser l'apaisement que j'y découvre lentement et que je ne veux pas substituer à un quelconque amour, possiblement tiède ou blessant.

Ça ne dure pas longtemps, l'Homme a faim. Et quand il a faim, c'est pour « tout de suite ». Nous rapprochant de la tour dont on s'est réservé la visite pour la fin, on s'installe dans un petit bistrot où il y a enfin des pizzas comme Henri les aime. Ah, je ne vous ai pas raconté… à peine avions-nous traversé la frontière que je déclarais à Henri que rien n'égalait les pizzas à croûte mince d'Italie, celles qu'on fait cuire au four à bois. Ce fut son premier repas en sol italien et l'expérience fut intense, et ce, au point de vouloir la répéter à chaque repas pendant au moins une semaine. Nous ne pouvions plus nous arrêter dans n'importe quel restaurant, il lui fallait sa pizza ! Mais douloureux mystère, on ne semblait plus en servir dans aucune des villes et villages traversés jusqu'aux Cinque Terre. Henri m'a donc traînée pendant des heures, de rues en trottoirs, de quartiers en arrondissements sans trouver l'objet de son désir. Un soir, désireux de faire le plus de route possible, nous nous arrêtons presque à l'heure de fermeture des restaurants. Pas de chance pour lui : en l'absence de sa pizza favorite, plutôt que de se contenter du menu, il décide de ne pas manger.

Sa façon de bouder sans doute. Pour le consoler, je partage avec lui un secret : il existe à Montréal un unique endroit où l'on peut pareillement trouver ce délice. Je l'y inviterai dès notre retour. L'établissement s'appelle la Pizzeria Napolitana, rue Dante. Mais bien avant, et si je n'avais le choix que d'un seul endroit dans ma ville où l'amener pour le gâter davantage, c'est à la Piccola Italia, à l'angle des rues Saint-Laurent et Saint-Zotique, que nous irions. C'est l'un des meilleurs restaurants de la Petite Italie et j'y vais religieusement au moins deux fois par mois. S'y est même déjà retrouvé tout le groupe de U2, venu se régaler un soir après le spectacle. Dire bonjour au propriétaire, Dominic Cordileone, c'est recevoir à la figure tout le soleil de son petit village de Campochiaro dans le Campobasso. Commandez l'osso bucco, la spécialité du chef, ou osez les raviolis au chocolat et fois gras ou encore la poutine aux gnocchis et terminez le repas avec un petit verre de cette délicieuse liqueur au citron qu'est le limoncello, vous m'en donnerez des nouvelles ! Autre *sine qua non* de nos agapes italiennes, la bouteille de vin que réclame Henri à chaque repas. Je préfère le rosé et lui, le blanc. Un litre à chaque repas, ça fait beaucoup de vin en une seule journée ! Au pied de la tour, le repas est sublime, les garçons prévenants : on me demande d'attacher ma caméra à la chaise pour ne pas me la faire voler – c'est gentil tout de même ! – et le soleil ardent. Le coup de barre est assuré. On a dû mal juger de notre résistance à ce bonheur en bouteille car nous sentons qu'une sieste s'imposerait, mais la prochaine destination est pour tout de suite et l'on ne veut pas conduire dans l'immédiat. Finalement, on ne visitera pas la tour. Mais, histoire de chasser cette douce léthargie avinée qui nous a envahis, une longue marche en son pourtour fera l'affaire. Seigneur Dieu, qu'elle est belle, cette tour, avec ses étages de marbre de Carrare, tout blanc et sculpté en dentelle! Grâce aux guides dont je glane, l'oreille à la traîne, un commentaire ici et là, je lui « chipe » l'essentiel de son histoire : elle aurait été érigée pour abriter les cloches de la cathédrale et quelques œuvres d'art mais, dès l'édification du quatrième palier, elle se serait déjà mise à pencher. On la délaissa pendant quatre-vingt-dix ans, puis on y ajouta à nouveau quatre étages qui devaient corriger l'ensemble. Elle continuait malheureusement de s'incliner. Cinquante autres années s'écoulèrent avant qu'on ne la complète en y installant, comme prévu, des cloches, d'un poids de quatorze tonnes. De ce fait, je découvre toute la belle insouciance confiante de l'Italie et du *que sera sera* (ce qui doit être sera). Pensez donc : le sol est instable, la tour a déjà une inclinaison de cinq degrés vers le sud et on y ajoute quatorze tonnes en son point le plus faible, soit le clocher! M'étonneront toujours! On prédit, et ce, malgré les travaux faramineux de 1990 dont le but était de faire stopper l'inclinaison, qu'elle s'effondrera quelque part entre 2080 et 2300. Entre-temps, des excavations sur le site ont mis au jour, outre la glaise, les vestiges d'une opulente villa et, dans un cimetière adjacent, quelques cadavres momifiés. Sans grimper les quelque 300 marches menant au sommet de la tour, je regarde avec ébahissement ce lieu qu'on dit être le siège d'expériences menées par Galilée et visant à discréditer les prétentions d'Aristote selon lequel la vitesse de chute des objets différerait selon leur poids. C'est là qu'il aurait essayé de découvrir si une bille de plomb d'un kilo pouvait voyager à la même vitesse qu'une bille de quelques grammes, si on les laisse tomber du même endroit et en même temps. Légende ou vérité ? On s'en fout. D'ailleurs, la chute de ces objets ayant été trop rapide, il n'a jamais pu faire le calcul avec précision et a dû faire appel plutôt à un plan incliné avec jalon en rainures pour, un peu plus tard, terminer sa recherche. Mais de savoir que Galilée était en ces lieux m'émeut, et sa carrière d'astronome m'enchante encore davantage. Non pas que ses recherches aient nécessairement abouti à l'élaboration de l'astrologie telle qu'on la connaît, mais l'étude des probabilités de corrélation entre les astres et les cycles des événements mondiaux, heureux ou malheureux, nous a menés, sur une longue période, à de possibles prédictions astrologiques des événements à venir.

Ah ! Connaître le futur, quelle belle affaire ! Certains en ont peur, terrorisés par l'annonce de la fin qui, ce n'est pas sorcier, est prévisible. L'anticipation des difficultés de la vie n'encourage guère à vouloir connaître l'avenir. Sauf pour moi ! Je préfère savoir quelles seront mes périodes de mauvais temps et me faire à l'idée de leurs soubresauts plutôt que de m'en étonner et de m'en désespérer. J'ai toujours été intriguée par les voyants. Affrontant quotidiennement les inégalités de la vie, la promesse d'un jour meilleur m'aide à traverser le malheur et à adopter philosophiquement la leçon à y puiser. Et les leçons ne s'enseignent pas en un jour. Ainsi, j'aime consulter. Pas souvent, mais en période d'incertitude s'établit entre les « voyants » et moi, et ce, dès la première séance, un mélange de calculs éprouvés, de magie et d'inexplicables moments d'intuition. Et je trouve, sans comprendre comment, quelque réponse ou solution à mes questionnements. J'ai cependant remarqué qu'en retournant voir la même personne, s'il arrive que j'acquiesce un peu trop à ses assertions, il se peut que son désir de me plaire la fasse continuer dans cette veine, déformant ainsi l'intuition première. Mais si l'on parle de rigoureuse exactitude, je n'ai connu que l'astrologue Anne-Marie Chalifoux qui soit d'une précision à couper le souffle. Malheureusement, elle n'accepte plus que de rares clients. Elle m'avait expliqué un jour que, confrontée aux malheurs de certaines personnes et dans l'impossibilité de leur mentir, la charge émotive de ces visions négatives bouleversait son quotidien. Or, sachant combien Anne-Marie ne recherche qu'équilibre et harmonie dans sa vie, je devine qu'elle les a trouvés en éliminant toutes les sources de perturbation. Aujourd'hui, elle ne travaille plus que pour le plaisir. Je ne me prononcerai donc pas quant à la clairvoyance des autres, si ce n'est pour dire qu'en consultation c'est la chimie intuitive entre les êtres qui fait toute la différence.

Je tiens cependant à relater une prédiction invraisemblable qui m'a grandement ébranlée, même s'il m'a fallu attendre des années pour en vérifier l'exactitude.

J'habitais à l'époque Habitat 67. Âgée d'à peine vingt-deux ans, je m'étais plongée dans tout ce qui avait de près ou de loin un lien avec l'ésotérisme et l'alchimie. J'ai d'abord étudié les grands penseurs en la matière : Nicolas Flamel, sa pierre philosophale et le saint Graal ; l'histoire des Templiers ; le comte de Saint-Germain ; la Kabbale judaïque ; Copernic… tout y est passé. Mes lectures sur les civilisations inca, indienne, amérindienne et sur le bouddhisme – incontournable – m'avaient aussi inspirée. Directement associé à ces doctrines émergeait à l'époque un maître à penser du nom de Lobsang Rampa, qui se disait moine bouddhiste réincarné et qui écrivit notamment *Le Troisième Œil*, ouvrage qui le fit connaître partout dans le monde. Pour faire une comparaison, il vous faut savoir qu'il avait à ses côtés des adeptes aussi fervents que ceux du dalaï-lama. J'avais lu tous ses livres. Un jour, inspirée par je ne sais quel moment de lucidité, je me rendis compte que Rampa, au début d'un de ses livres, affirmait une vérité alors qu'à la fin de l'ouvrage il affirmait le contraire. Une peccadille en réalité, mais qui me gênait. Cela vint me déranger, un peu comme une tache de graisse sur le beau plastron blanc de mon idole. J'écrivis à son éditeur, à l'époque Alain Stanké, pour qu'il puisse éventuellement le contacter, lui souligner le fait et effectuer des corrections au moment de la réimpression de l'ouvrage. Je ne pouvais certainement pas me mettre à sa recherche dans un quelconque ashram du Tibet, en supposant qu'il y soit encore, car on le disait persécuté dans ce pays. Il était tout ainsi impossible de le contacter directement que de l'approcher. Mon travail accompli, je n'y pensai plus. Environ trois semaines plus tard, on sonnait à ma porte. Une dame assez âgée m'annonce : « Le docteur aimerait bien vous rencontrer avant 5 heures, qui est l'heure à laquelle il mange. Pourriez-vous descendre à l'appartement 532 ? »

« Le docteur ? Le docteur ? Je ne suis pas malade, je n'ai pas demandé de docteur ! »

Ce à quoi elle me répond : « Le docteur Lobsang Rampa. »

Je n'en croyais pas mes oreilles. C'était comme si on m'avait annoncé la visite de Jésus-Christ ressuscité. Lobsang Rampa… à Habitat 67 !

Non mais !

Un peu incrédule, je me prépare et me présente une heure plus tard à l'appartement désigné. Mais attention : ne s'approche pas du grand maître qui veut. Il faut montrer patte blanche. Et mes « pattes » allaient d'abord être accréditées par les chats du propriétaire des lieux. Sa femme donc – eh oui, il était marié – me demande de la suivre dans l'appartement, à la recherche des trois chats siamois, dont un aveugle, qui se terrent quelque part. On les retrouve sur le haut d'une tablette de garde-robe. Elle me demande de m'approcher lentement. Les bêtes me regardent, me fixent même, indifférentes. Cela dut lui suffire car, me priant à nouveau d'attendre, elle alla transmettre ces résultats au maître, ce qui permit au shaman de m'accueillir à bras ouverts. Il est à première vue éminemment sympathique. Il me reçoit dans une pièce logée au bout d'un long corridor désert, à demi couché sur un lit d'hôpital et appuyé sur de nombreux coussins et oreillers. La chambre est vide d'artifices, à part un fauteuil roulant électrique, cadeau du roi du Koweït et conçu expressément pour lui afin de lui permettre de se déplacer car il était paralysé. Diabétique et cancéreux, il attend la mort et l'accepte, m'affirme-t-il. La soixantaine passée, il arbore un embonpoint lié à son grand âge – c'est du moins ce que l'on se dit lorsqu'on a vingt-deux ans, comme moi à l'époque – et une barbe blanche qui lui va à ravir. Très chaleureux, il me demande de m'asseoir sur son lit et de lui tendre ma main. Après en avoir lu les lignes à l'aide d'une loupe et s'être plaint du vernis rouge sur mes ongles qui obstrue sa lecture, il la garde dans les siennes et, les yeux clos, se recueille dans une courte période de silence et d'introspection à la suite de laquelle il me prédit mon avenir. Ce que j'entendis me sidéra. Je crus d'abord qu'on l'avait guidé par quelques révélations sur la personne que j'étais. J'entamais un second film à l'époque et, dans la foulée du succès de *Valérie*, je n'étais pas, à proprement parler, inconnue au bataillon. Alors qu'il s'adresse à moi, il me semble que ses premières paroles s'accompagnent d'un sourire ironique que j'associe faussement à l'aura de sensualité qui m'accompagne depuis la sortie du film. Or impotent, isolé dans son appartement, sans télévision et ne parlant que l'anglais, il n'a manifestement aucune idée de qui je suis et n'a jamais entendu parler de moi.

« Tu n'avances et n'es reconnue que par les hommes. À cause de ton individualité naturelle, les femmes ne t'aiment pas de prime abord. Pour être précis, il y aura onze hommes importants dans ta vie, c'est eux qui forgeront ton existence. En affaires, bien peu de femmes t'aideront. Tu feras tout toute seule, mais aidée par la gent masculine presque exclusivement.

« Tu as des dons et ne les utilises pas. Tu as une vieille âme, avec beaucoup de magnétisme et ta vie n'aura rien de banal… et ce, jusqu'à ta mort, qui surviendra tard.

« Tu seras toujours protégée. Pour te donner un exemple : supposons que tu traverses la rue, insouciante ; un camion fonce sur toi ; impossible de te rater. Sache que tu auras toujours quelqu'un pour t'attraper par le collet et te retirer de la trajectoire de l'inévitable malheur à la dernière minute.

« On te recevra partout. Tu seras reçue chez les pauvres et les riches, les rois et les paysans (*the kings and the peasants*... dit-il) de la même manière.

« Tu ne seras jamais dans le besoin. Jamais très riche, mais jamais pauvre.

« Tu seras connue et reconnue dans une sphère particulière, mais ce n'est rien à côté de la nouvelle gloire que tu connaîtras vers la fin de ta vie dans un autre domaine que celui dans lequel tu auras œuvré.

« Tu recevras beaucoup de demandes en mariage, mais tu n'en accepteras que peu. En fait, à part les demandes d'aventuriers, je vois trois demandes sérieuses. La première, que tu accepteras, te fera hésiter pour la deuxième, et la troisième a peu de chance de se réaliser, car tu craindras le retour des erreurs du premier mariage... et c'est dommage car tu retirerais beaucoup de savoir de ces unions et je te conseille de ne pas hésiter. »

Jusque-là, tout était discutable. Je sais me garder une certaine dose de scepticisme tout de même. Après tout, ce n'étaient que des généralités. Mais, sachant qu'il n'avait pu être témoin du succès retentissant de mon film, n'habitant pas le pays à l'époque du premier, et étant de surcroît anglophone de culture, les commentaires pertinents à ma carrière me firent prêter l'oreille plus attentivement. Le plus sensationnel était à venir. Prenant un air grave, hésitant et précédant sa déclaration d'un long « Oooooh », il enchaîna :

« Tu vas rencontrer un homme qui va te faire vivre l'enfer. Tu fais trop confiance à certaines personnes qui, elles, sont malveillantes. Cette personne est liée soit à de la monnaie contrefaite, soit à des substances illicites. Il va t'impliquer dans une aventure longue et coûteuse qui pourrait te mener en prison. Mais n'aie crainte, même si tu te retrouves en prison, cela n'aura aucune réelle incidence sur la route que tu vas prendre. Cela retardera les choses, tout au plus. Mais le prix de la confiance que tu auras donnée et de l'abus qu'on te fera subir sera amer à payer. »

À ce stade, je l'écoutais en me disant que c'était lui qui avait pris des substances illicites ! Ben quoi ! S'il m'en avertit à l'avance, comment pourrais-je tomber dans le piège ? Je n'avais qu'à ouvrir les yeux. J'ignorais alors que le loup était déjà dans la bergerie et que toute amoureuse que j'étais de l'homme qui partageait ma vie, je n'aurais jamais soupçonné que ce fût de lui qu'il était question.

La session continua et il recommença à me dire : « Non, tu ne feras pas de prison », puis « Oui, tu en feras. » Trois ou quatre fois. Alors que je le quittais, sous le choc, il stoppa ma marche dans le long corridor sombre qui me menait vers la porte en me disant : « Danielle, je sais maintenant. Tu n'iras pas en prison mais tu t'en sauveras de justesse. Fais attention à ton entourage. Et, je le répète, ça n'aura aucune incidence sur ce que tu as à accomplir dans la vie. Prends la leçon, c'est tout. »

Tout ça pour vous dire qu'un an et demi plus tard mon amoureux était arrêté chez moi pour trafic de drogue. Pour des raisons techniques, liées aux règlements de la justice américaine en matière de corroboration, je dus subir un procès aux États-Unis, au terme duquel on m'annonça, juste avant d'appliquer la sentence, que j'aurais à faire deux ans de prison. Sur quoi on m'invita à m'adresser au juge si la peine me paraissait injuste. C'était un risque, il aurait pu croire que je ne cherchais qu'à gagner du temps en minimisant mon rôle dans l'affaire. Mon plaidoyer dura une heure, en anglais. J'expliquai ce qui, forcément, ne se trouvait pas dans les rapports de police et qui donnait à la cause une dimension plus humaine. Le juge sut m'écouter car il me libéra. Exactement comme Lobsang Rampa me l'avait annoncé plus tôt. Près de cinq ou six ans s'étaient écoulés entre l'arrestation de mon amoureux et la sentence rendue à mon procès.

Depuis ce temps, à part la gloire, le reste de ses prédictions s'est révélé juste. Il avait prédit une autre période difficile à traverser, quoique en rien comparable à celle de mes démêlés avec la justice. Mais pour plus tard celle-là, quand je serai vieille… et qu'une fois de plus je passerais au travers.

Je me suis toujours demandé si c'était mon innocente naïveté et ma candeur naturelles qui firent que Lobsang continua de m'appeler et de m'inviter chez lui. Nous avions alors de longues conversations, comme s'il s'était donné pour mission de me prémunir contre la cruauté et la cupidité du monde en général. Il est vrai que ma mère nous avait élevés avec un réel optimisme quant à la nature foncièrement bonne des hommes et que je n'avais aucune défense à ce niveau, faisant confiance aveuglément à tout ce qu'on pouvait me raconter… y compris à la philosophie empreinte de sagesse de Lobsang. J'aurais peut-être dû prêter attention aussi au parcours de Lobsang et me questionner, tant ce parcours était peu conventionnel. Il prétendait que son initiation en tant que moine tibétain lui permettait de voir l'aura des gens. Il ne me dit que le plus grand bien de la mienne. Mais comment l'expliquer? Ce qui m'intrigua le plus, c'est qu'il sut le faire par une photographie en noir et blanc du bout de mes doigts, prise avec une caméra Polaroid de sa confection et dans laquelle ceux-ci semblent nimbés d'un halo électromagnétique. Je restais sceptique mais l'effet était saisissant et j'ai encore la photo.

Nous parlions croyance, karma, de la raison de nos existences sur terre qui, selon lui, n'avaient d'autre but que celui d'apprendre, ce sur quoi j'étais entièrement d'accord. Il me parlait de la difficulté de vivre en s'appuyant sur des croyances éthérées, voire surnaturelles, et de la nécessité de les accepter néanmoins, en restant ouvert à toutes les possibilités dans le but ultime de trouver la vérité. La foi se basant toujours sur l'intangible, pourquoi choisir une doctrine plutôt qu'une autre et pourquoi, en fait, en choisir une, quelle qu'elle soit? La réponse, je suppose, est en chacun de nous.

Une chose demeure: les religions perdureront tant et aussi longtemps que les questionnements humains sur la vie, la mort et sur l'existence de l'au-delà resteront sans réponse. Selon sa conscience et ses besoins, l'homme se choisira un dieu pour pallier à cette absence de réponses, car croire, voilà bien là l'essence de l'être. Croire en l'humain, en Dieu, en soi, en l'univers et même au néant, mais croire.

Il existe, a existé et existera toujours des milliers de dieux de par le monde et chaque peuple clame que le sien est le seul bon, même si personne ne l'a jamais vu. Une fois de temps en temps, on choisit un homme de chair et d'os auquel on prête des attributs divins, dans le but sans doute de donner à la foi un objet vivant à vénérer, tant la foi reste intrinsèquement soumise à cette faiblesse humaine de toujours rechercher des preuves. On songe bien sûr à Jésus-Christ, fils de Dieu selon la croyance chrétienne. Celui-là, au moins, on l'aura vu et touché, dit-on dans la Bible, contrairement au reste de la Trinité à laquelle il appartiendrait avec le Père et le Saint-Esprit tout-puissants, ceux-là – manque de pot! – qu'on ne peut voir. Que c'est pratique, une preuve en chair et en os qui vient étayer l'incompréhensible et justifier la construction d'églises! Et cela devrait être, dit-on, la base de ma foi! Bien sûr, quelques preuves irréfutables simplifieraient tout, mais il ne serait alors plus question de foi. Je me demande: et si Jésus n'était qu'un prophète initié, lui aussi à la recherche du pourquoi de l'univers, réponse de laquelle il se serait rapproché en prônant les valeurs spirituelles plutôt que temporelles? Un autre de mes questionnements, toujours lié au Christ, porte sur les conflits entre chrétiens et juifs, les uns toujours prêts, tout au cours de l'histoire, à dénigrer les autres pour faire valoir la vérité de leur seul Dieu, alors qu'ils se partagent le même. Avec le temps, si notre religion s'est étiolée, elle s'est en contrepartie orientée vers une plus grande liberté tandis qu'ailleurs l'histoire se répète; ce sont désormais les ayatollahs qui sont prêts à tuer si les préceptes du Coran et de leur foi sont mis en doute. Qui peut croire sans un seul doute qu'un dieu – jamais vu – réclame le sang en reconnaissance de sa gloire? Que de complications pour arriver à comprendre pourquoi l'on vit, pourquoi l'on meurt et où nous allons. Ces questions sont, à mon avis, la seule vraie base de toute spiritualité, toutes autres obligations, déviations, triturations et récupérations de dogmes ou de dieux nommés ne faisant que nous en détourner.

Mon éloignement de l'Église s'est fait graduellement à partir de tribulations bien terrestres, la première lorsque j'avais vingt-deux ans et que je venais de terminer le film *Valérie*. Ma mère, très croyante, allait à l'église tous les dimanches. L'un de ces dimanches, elle me raconta combien elle s'était sentie humiliée lorsque le curé de la paroisse Saint-Nicolas, montant en chaire, demanda l'attention de ses paroissiens juste avant le sermon pour leur dire à quel point il était déçu de les voir dépenser 1,75 dollar pour aller voir un film dans lequel une fille faisait des gestes susceptibles de les mener avec elle en enfer, alors qu'ils hésitaient à donner un dollar à l'église qui, elle, les mènerait au ciel ! Le deuxième événement fut le plus décisif. En visite au Vatican, j'avais admiré la basilique Saint-Pierre-de-Rome, un monument dont j'aurais dû être fière, moi chrétienne, puisque érigé à la gloire de ma religion et de mon Dieu. Au musée du Vatican, j'étais restée bouche bée devant une vitrine dans laquelle était exposée une constellation formée de douze étoiles ciselées d'or, chacune sertie de vingt-quatre diamants d'un carat. Je n'ai pu m'empêcher de songer aux messages des Pères de l'Église qui, dans mon enfance et sous prétexte de nous enseigner le partage, nous faisaient colorier, pour un sou la brique et dix sous les plus grosses pierres, l'illustration d'une école qui permettrait à de petits Africains de se faire instruire, de manger et d'être évangélisés. Puis ce fut le tour des Chinois, qu'il fallait adopter. Et je recevais un petit carton sur lequel était imprimé l'image de l'enfant parrainé, un enfant dont j'étais responsable, car de mon argent dépendait sa conversion. En contemplant ces joyaux, je me suis mise à songer à toutes les gâteries dont je m'étais privée, enfant, pour aider l'évangélisation de l'Afrique et de la Chine. Se pourrait-il que mes dix sous, soustraits à mes collations et gâteries diverses, se soient retrouvés dans ces diamants ? N'aurait-il pas mieux valu que ce soient les Pères de l'Église qui se départent de toutes ces richesses inutiles afin de venir en aide à l'humanité ? Avec l'âge, tous les interdits, toutes les doctrines n'ayant d'autre but que de nous asservir à l'Église ont fait le reste pour m'en éloigner.

Avec la même curiosité que celle qui avait animé mes recherches sur l'ésotérisme, je me suis mise à l'étude de l'histoire des religions. Le chapitre sur le célibat des prêtres, entre autres, eut raison des vestiges de ma foi chrétienne. Jusqu'au concile de Nicée, en 325, les prêtres pouvaient se marier et procréer. D'abus de toutes sortes sans doute est venu l'ordre du concile refusant désormais aux prêtres le privilège de se marier. Mais il ne faudrait pas croire que ce célibat imposé allait empêcher certains d'entre eux de forniquer joyeusement. Parmi de nombreux exemples me revient celui du pape Alexandre VI, de la famille Borgia, qui eut lui-même quatre enfants (dont certains avec sa propre fille) et qui abusa de tous les systèmes pour accéder au pouvoir et s'enrichir dans le stupre, la concupiscence et l'hypocrisie. On lui attribua malgré tout le titre de « saint homme » et il fut canonisé après sa mort.

Par ailleurs, l'Église s'occupa d'étendre sa volonté et ses carcans jusqu'au cœur de ses ouailles et de leurs familles. Ce qui a longtemps été la règle chez nous avant que.l'Église ne perde de son influence... et vive les années 1960 ! L'histoire de la religion nous porte à nous demander où est passé le message du christianisme. Il est en nous... et certainement pas dans un livre qu'on essaie de me vendre. C'est ce que je réponds aux témoins de Jéhovah lorsqu'ils se présentent chez moi et me trouvent en maillot de bain, un verre de sangria à la main et l'esprit joyeux. Eh, qu'on me trouve l'air bête !

Pour ma part, ma foi, car j'en ai une, si discrète et personnelle soit-elle, me dicte qu'il existe un pouvoir impalpable qui ne passe ni par l'homme ni par les messages terrestres. Un pouvoir intrinsèquement relié au bien et à l'harmonie face à l'humanité. Cette relation entre l'homme et l'univers reste profondément personnelle et ne peut s'expliquer par l'existence de dieux ou de quiconque prétend les représenter à coups de sermons promettant damnation et sévices. Nous sommes le résultat des actes que nous accomplissons, de ce que nous faisons subir à nos semblables, et je crois profondément que notre avenir réside dans la rétribution de ces actes. Le savoir, le simple savoir acquis à faire le bien, devrait suffire au repos de notre âme dans cette vie ou dans l'autre, le cas échéant. Ma foi veut aussi croire à la survie de l'âme. Sous quelle forme ? Je m'en fiche. Mais sous une forme, je l'espère, qui viendra confirmer que notre passage sur terre n'aura pas été vécu en vain. J'aime penser que nous ne sommes pas que de misérables bêtes de laboratoire asservies à un cosmos omnipuissant, sans but et sans âme.

Est-ce que Dieu existe ? Je l'espère, mais personne ne l'ayant jamais vu, on ne peut le savoir avec certitude. Tout est question de foi. Et s'il n'existait pas ? Ce serait vraiment dommage, quoique si la mort me réserve le néant, je ne le saurai jamais. Mais en espérant qu'il existe et que cela puisse servir plus tard, mieux vaut passer ma vie à essayer de faire le bien… Qui sait, peut-être cela me sera-t-il rendu.

C'est de tout cela que je parlais avec Lobsang. Celui-ci, malgré ses prédictions d'une justesse troublante, posa toutefois un bémol sur la façon d'interpréter ses visions, bien terrestres celles-là. Il me dit pour me faire comprendre ce qui doit être et parfois n'est pas : « Tu vois, je t'ai prédit trois mariages, ce qui veut dire que deux d'entre eux te feront mal puisqu'il y aura séparation. Je ne peux donc te promettre que le souvenir de ces douleurs ne t'empêchera pas d'en contracter un troisième. Ça, c'est toi qui décides. Nous sommes humains malgré tout. Je ne peux que te dire ce qui doit être, mais pas ce que tu feras. »

Et parlant de signes et de ceux qui attisent la croyance sur la vie après la mort, en voici un qui, encore aujourd'hui, soulève en moi un doute de plus en plus troublant. Ma mère est décédée en septembre de l'an 2000. Le jour de l'enterrement, j'ai évidemment le cœur en compote et mes amis m'accompagnent, en me tenant la main, jusqu'à l'endroit où on mettra maman en terre, au cimetière du Mont-Royal. Mon amie Lisette Lapointe est présente. Debout toutes deux devant cette fosse qui représente la fin de la vie de ma mère et mon accès à l'âge adulte, puisque à partir de maintenant je ne suis plus l'enfant de personne, nous attendions que le prêtre officie la mise en terre. C'est alors que je remarquai au cou de Lisette un collier de pierreries noires en forme de petits cœurs.

« Bizarre, lui dis-je, tu portes un collier exactement comme celui que j'avais offert à ma mère il y a quelques années et que je ne retrouve plus dans ses affaires. »

Machinalement, elle mit la main à son cou et, d'une façon inexplicable, le collier se rompit et toutes les pierres s'éparpillèrent sur la tombe. On voulut sur le moment y voir un signe quelconque de communication extraterrestre, conscientes tout de même que cette interprétation ne répondait qu'au besoin de calmer ma peine et de combler le vide créé par l'absence de ma mère. Et je n'y pensai plus. Dans les mois qui suivirent, je m'affairai aux différentes étapes de l'achat d'une maison, maison que je devais occuper dans les premières semaines du mois de décembre. Travaux de peinture, reconstruction de certains espaces, déménagement, classement, ménage, je préparais en plus la fête de Noël que nous devions passer tous ensemble, en famille, comme nous l'avions toujours fait sans jamais en avoir raté une seule. Ma nouvelle maison pouvait aisément recevoir trente personnes et je n'étais pas peu fière du travail colossal abattu en prévision de la fête. À quelques heures de l'arrivée de mes invités, je m'affairais à la touche finale, le cœur gros en ce premier Noël passé sans ma mère. Dans la maison au décor impeccable, complètement nettoyée grâce à une aide ménagère, je plaçai un peu partout des bougies à l'odeur de cannelle et de pin. Près de la porte d'entrée, je déposai une bougie sur une console de verre toute neuve, installée et livrée quelques heures auparavant. Comme le bougeoir déposé sur la console me semblait en équilibre précaire et n'arrivant pas, dans la pénombre, à voir ce qui le faisait vaciller, je passai la main sur la surface de la vitre pour en retirer l'obstacle et je butai contre ce qui me sembla être une petite pierre. Je l'approchai de la lumière et mon cœur s'arrêta net car, entre mes doigts, un petit cœur noir et lisse parfaitement identique aux pierres restées dans la tombe de ma mère me fit savoir qu'elle était malgré tout avec nous. Comment le voir autrement ? Cette pierre était miraculeusement venue se poser sur mon chemin, sur cette console neuve, dans cette maison neuve alors que je portais de tout autres vêtements qu'à l'enterrement et que je ne possédais aucun collier semblable. De plus, le rangement et le ménage avaient été faits, partout dans la maison, par une personne de l'extérieur et je ne pouvais m'expliquer comment cette pierre de quelques millimètres avait pu réussir à s'égarer dans une des boîtes déménagées jusqu'à mon nouveau domicile, boîtes vidées depuis un mois déjà et n'ayant jamais approché cette nouvelle console. Devant un tel mystère, je préfère croire que, dans quelque dimension que ce soit, en l'absence du corps, l'âme subsiste et peut parfois nous rejoindre. Oui, je veux y croire.

Ce qui me rappelle un autre souvenir, relié à l'extraordinaire, et le coup de panique de ma sœur qui, alors que nous étions en voyage ensemble au Mexique, s'était réveillée en pleine nuit, sentant une présence. Elle aurait aperçu, au pied de mon lit, une forme spectrale blanche et lumineuse. Incrédule, croyant dormir, elle s'était assise sur le lit pour apercevoir la lueur prendre la forme – du moins le crut-elle – de notre grand-mère

Lauda, qui la regarda et lui sourit, avant de disparaître dans un tourbillon en laissant derrière elle les effluves d'un parfum de fleurs. Terrifiée – c'est le mot qu'elle utilisa –, elle n'osa bouger jusqu'au matin. Ne pouvant se rendormir, elle se cacha sous ses couvertures malgré la chaleur, en attendant que je me réveille. Ce que je lui en ai voulu de ne pas m'avoir réveillée ! Judith jusqu'alors n'avait jamais entendu parler de ces phénomènes qui me fascinaient et ne pouvait savoir que je ne rêvais que d'être témoin de l'un d'eux... si phénomène il y a !

Lobsang me disait aussi que l'on n'échappait pas à la nature humaine, mais qu'il fallait malgré tout essayer d'en tirer du bien. Hélas, il était humain lui aussi et avait beaucoup de mal à échapper aux fanatiques qui squattaient les endroits où il vivait, pillaient ses poubelles pour en retirer des objets lui ayant appartenu ou que le Maître aurait touchés, à la recherche même de rognures d'ongles ou de mèches de cheveux. De ce fait, il prenait un soin tatillon à choisir tous ceux qui l'approchaient. Certains sceptiques, évidemment, n'arrivaient pas à comprendre. Il est bon de douter, c'est très salutaire, mais il est à mon avis encore plus salutaire de chercher à comprendre et de garder l'esprit ouvert plutôt que de rejeter tout en bloc en s'opposant sans nuances aux mystères. C'est parmi ceux qui croient que surviennent les miracles. Vous avez quelque chose contre ça, les miracles ? Et qu'importe si la croyance, à elle seule, a provoqué le phénomène. On touche tout de même à une autre dimension.

J'avais réussi à être une amie attentive auprès de Lobsang jusqu'au jour où, tout heureux, il me dit :

« J'ai trouvé la solution pour mon courrier. On ne pourra plus jamais me voler mes lettres. »

Et il me montra sa toute nouvelle déchiqueteuse. Il fit passer une feuille de papier entre ses lames et je remarquai tout de suite que la page en ressortait avec des entailles en biseaux. Ce n'était pas sorcier ! Je lui affirmai que je pouvais reconstituer la page sans problème, ce qu'il mit en doute. Je lui demandai d'écrire un texte sur une page blanche, de la passer dans la machine et qu'en peu de temps je lui rapporterais le collage. Ce n'était pas compliqué : il suffisait de prendre les parties les plus longues, de disposer de chaque côté les lanières qui devenaient de plus en plus courtes afin de reconstituer la forme de la feuille. Une demi-heure plus tard je la lui rapportais. Au lieu d'en être amusé, il s'en trouva atterré et me regarda, soudain soupçonneux, craignant sans doute que je ne puisse m'emparer du moindre de ses secrets. Il ne me réinvita plus jamais à le visiter. Dommage, car j'aurais pu lui conseiller, pour mettre un frein définitif à son pillage, de repasser les lanières à la déchiqueteuse, en faisant ainsi des confettis.

Il mourut à Calgary en 1981 et ne s'était jamais vraiment remis de l'enquête qui avait été menée à son sujet par un individu désireux de le dénoncer comme imposteur en défaisant le mythe de son identité de moine bouddhiste réincarné. On apprit qu'il s'appelait en réalité Cyril Henry Hoskins et était fils de plombier. Il prétendait avoir fait une chute alors qu'il était monté dans un arbre pour y photographier un oiseau et que, à demi comateux et sur le point de mourir, il avait rencontré dans l'au-delà l'entité qui devait revenir sur terre terminer la ronde des incarnations qu'il avait à accomplir. Cette dernière incarnation ayant été celle d'un moine tibétain, il prit le corps de Lobsang lui permettant d'utiliser consciemment son savoir. Tout cela fut raconté dans plus de dix-neuf ouvrages dont on vendit 15 millions d'exemplaires partout dans le monde.

On dira ce qu'on voudra. Il m'a prédit l'impensable et, de jour en jour, TOUT s'est réalisé comme il me l'avait prédit... mariages compris. Enfin presque... puisque j'ai convolé une fois et refusé les deux derniers, qui m'ont effectivement été proposés.

Devient-on plus croyant face à la mort ? Dis-moi, Henri... Ou serait-ce le dernier bastion de tes pensées, celui où je ne pourrai jamais pénétrer car, plein de vie, tu ne veux pas songer à la mort ? Pourtant la mort, c'est la vie... mais autrement ! Et comme je le dis si souvent à mes amis lorsque l'on évoque la mort et parfois la mienne : pleurez, mais pas trop longtemps. Songez que chacun de vous ne perd qu'une amie, tandis que moi je vous perds tous. Ça, c'est bien plus triste.

Mais j'y pense, pauvre Henri, avec toutes ces femmes que tu as aimées, t'es pas sorti du bois !

Venise

> « Venise va mourir un jour,
> Venise va mourir […]
> Venise a des blessures
> Sur chaque pierre de chaque mur
> Des sérénades à faire pleurer
> Le monde entier »
>
> *Venise va mourir* (Eddy Marnay, S. Cipriani)

Aux moments les plus fous de mon adolescence amoureuse, j'imaginais souvent de romantiques aventures dont l'heureuse apothéose se concrétisait évidemment à Venise.

Venise la belle, porteuse de tant de serments éternels, lourde de plaisirs galants et de fins éblouissantes, Venise cette fois m'attend car Henri m'annonce au matin que c'est notre prochaine destination. Je prépare depuis des années mon entrée à Venise, un peu comme le pèlerin qui, dans sa tête avant le grand départ, a réussi à boucler toutes les étapes de la route le menant vers la félicité. Hé quoi ! on ne va pas à Venise comme on sort chercher du pain, mais découvrir Venise, passée la cinquantaine, et sans être amoureuse par surcroît, ne risque-t-il pas de décevoir ? J'en retiens mon souffle. Tout ce voyage est axé sur l'espoir de voir ce lieu rêvé, mais une idée fixe s'imbrique tacitement dans mon anticipation : celle qu'il m'aurait absolument fallu la voir en état de passion amoureuse éperdue. Jusqu'alors, Venise avait été pour moi une espèce de triangle des Bermudes situé quelque part en Italie, et réservé aux romantiques finis et aux accros de l'extase. Il ne fallait surtout pas que Venise me déçoive. Je serais prête à ne pas y aller plutôt que d'en avoir une image diminuée ou de ne pas y trouver ce que j'espère. Mais Henri tient à tout prix à voir Venise « maintenant ». Nous ne partageons sans doute pas les mêmes rêves quant à la mystique de la Serenissima. Mais je pressens qu'il va lui aussi, ne serait-ce qu'à cette étape, regretter les lèvres d'une femme aimée qu'il pourrait langoureusement embrasser, et même celles de quiconque le gratifierait d'une aventure, passagère certes, mais que l'on ne peut qu'imaginer parfaite en un tel lieu. C'est donc sur la pointe des pieds, en silence, que nous approchons Venise, sans jamais nous consulter sur ce que l'un ou l'autre aimerait y découvrir, chacun retranché dans une oasis intérieure qu'on se refuse à partager. Premier mystère : vous êtes-vous déjà demandé comment on accède à cette ville ? L'aborde-t-on par une rive, à partir de laquelle on s'enfonce progressivement vers ses canaux ? Est-ce une terre basse remblayée et réclamée à la mer, quelque part aux abords de l'Italie ? Une île immense flottant au milieu de la mer Adriatique ? C'est tout ça à la fois, à quelques kilomètres des côtes. Pour échapper aux invasions barbares, on se réfugiait à partir du VIe siècle dans cette région marécageuse que l'on structura lentement en en consolidant ses 118 îles et en les reliant entre elles au moyen de 400 ponts enjambant 177 canaux.

La chaleur est écrasante lorsque l'on trouve finalement à se stationner en bordure du quai où l'on doit prendre la navette qui nous mène au large. Ne prévoyant pas passer la nuit à Venise, nous abandonnons pour la première fois nos valises dans la voiture, quitte à reprendre le bateau et à y revenir si l'envie de les chercher se fait sentir. On a tout de suite compris, sans même se consulter, qu'on y resterait longtemps... ou pas du tout. Tout dépendrait de l'émotion suscitée par les lieux. Même la traversée se fait dans le recueillement. Et pourtant, comment rester muet devant cette vision au loin d'une terre plate, mais festonnée sur son pourtour de coupoles enrubannées d'une brume légère qui en estompe les formes ? Pour nous faire languir davantage sans doute, Venise reste invisible au premier abord : à peine un mirage en plein horizon. Puis, minute par minute, elle se précise en un étalage somptueux d'ocres, de jaunes et de blancs délavés qui se reflètent sur les eaux du Grand Canal. À défaut de me mettre à pleurer sans retenue, l'émotion me monte à l'âme devant la magnificence de la lumière qui, aérienne comme la chorégraphie d'un ballet de Balanchine, s'amuse à rebondir sur les vaguelettes formées par les bateaux qui sillonnent les eaux du canal. À peine avons-nous eu le temps de mettre le pied à quai que déjà Henri s'active comme une poule dont on aurait coupé la tête. Délesté de ses bagages, mon ami cherche à droite et à gauche l'itinéraire qui le mènera, sans plus attendre, vers les plus beaux sites. Je sens que la course prendra cette fois la forme d'un marathon. On veut tout voir et on ne sait par où commencer. En un rien de temps, il a déjà déniché un canal plus étroit sur lequel nous regardons filer notre première gondole et son gondolier chantant. Que j'aime cette cohabitation du passé et du présent, chacun respectant dans sa sphère l'espace-temps qui lui est dévolu. Dans une harmonie d'une rare réussite, se mêlent l'histoire ancienne de la ville et toute une vie contemporaine insoupçonnée : l'architecture du passé règne dans l'enchevêtrement des bras de mer et des *piazzetta* desquels surgissent parfois, comme des bulles de surprise, quelques notes d'une rigoureuse modernité. Un petit pont, puis deux, puis trois, j'accélère devant les boutiques mais je perds à nouveau Henri, parti s'engouffrer chez un maroquinier cette fois. C'était inévitable, la magie des lieux lui a sans doute fait penser à sa blonde et c'est là qu'il achètera ce petit sac Versace qui, j'en suis sûre, la fera craquer de plaisir dès l'arrivée. C'est fou tout de même l'effet (du moins je l'imagine) qu'un tout petit sac peut avoir sur la libido. Maudite chanceuse, va !

D'un accord tacite, aucun de nous deux ne ressent l'urgence de sauter dans une gondole. Comme si cette promenade n'était réservée qu'aux amoureux et que de la faire entre amis en diminuerait le côté festif. La dimension romantique consacrée de la balade suffirait à nous décevoir, à nous chagriner même. Afin de compenser peut-être, Henri s'arrête au moindre détour, savourant chaque joyau d'architecture, se laissant imprégner, semble-t-il, par la culture des lieux. De mon côté, j'en suis assurément à ma plus belle découverte. Je me souviens particulièrement d'une petite cour intérieure, à peine visible de la rue depuis son portail étroit, et dans laquelle apparaissaient la moitié d'un immense tronc et une demi-tête humaine fondus dans le métal. Ce sont de tels moments de grâce, infusés de perfection esthétique et artistique, qui me font me sentir bien inutile dans mes idées et réalisations. Toute petite déjà, j'avais étudié différentes techniques (esquisse, gravure, sculpture) aux Beaux-Arts. Plus tard, j'obtiendrai mon diplôme en dessin de mode, ce qui me donnera de solides bases pour reproduire les proportions et le mouvement du corps humain. Enfin, trente ans d'études en peinture m'ont laissé espérer faire une marque importante dans le domaine des arts. Pourtant… je me désole amèrement de la brièveté de cette vie qui ne m'aura pas permis de me tailler une place dans le futur, au moyen de réalisations aussi parfaites que celles qu'il m'est donné de voir au détour du chemin. Non pas qu'orgueilleusement je veuille passer à la postérité, mais quel immense privilège que celui d'avoir reçu le don de création et, en reconnaissance envers cette aptitude, d'en transmettre le fruit aux générations futures ! Tout ne réside-t-il pas dans ce que l'on peut, humblement, laisser derrière soi : le souvenir de son passage, fût-il anonyme, pour le simple plaisir des yeux ?

« Sacrament, Henri, es-tu certain que ça va pas nous tomber sur la tête ? »

Les yeux rivés au plafond, je m'inquiète. Nous sommes assis Piazza San Marco, à la terrasse du café Florian, qui selon les guides touristiques, serait le plus ancien café du monde, du moins le tout premier auquel on ait accordé une accréditation en 1720. L'endroit est si vieux que l'on a grillagé tout le plafond du passage où, sous les arabesques de plâtre fignolé, devaient autrefois se promener demoiselles en crinoline et grands seigneurs venus chercher fortune, car Venise était à l'époque, de par sa situation portuaire, la capitale du négoce et un centre important de rayonnement religieux. Peu savent du reste qu'existait en cette ville un ghetto juif – eh oui, déjà –, ghetto libéré par Bonaparte en 1797. Mais au-delà de ces considérations historiques, le simple fait de savoir que Goethe, Chateaubriand, Proust, Modigliani et Goldoni ont pris un café en ce lieu même où je suis assise me laisse sans voix. Sans compter l'illustre Giacomo Girolamo, Casanova lui-même. Et tout d'un coup, comme soudainement pénétrée du Saint-Esprit, il m'a semblé comprendre avec certitude le pourquoi de l'incorrigible romantisme de l'Italie et de ses habitants. Tout dans ce pays porte à la légèreté de l'âme et au plaisir des sens. Attablée sur l'une des plus belles places au monde, sous un ciel d'un éclat absolu, je déguste un sandwich du meilleur pain dont la croûte, tartinée de fromage dégoulinant, me croque sous la dent, tandis que mon ouïe se régale d'airs d'autrefois. Poursuivant la tradition initiée par les musiciens ambulants qui, depuis la fin du XIXe siècle, jouaient face au Café Florian, l'orchestre, toujours présent, nous fait revivre le faste d'une acoustique sans amplificateurs. Enfin, bouclant la boucle de toutes les sensations, les effluves montant du cuir des banquettes et se mêlant à un essaim de parfums décuplés par la chaleur, sollicitent sensuellement des souvenirs heureux. Le nez dans un verre de rosé bien frais, un peu grisée par tout cela, je me dis qu'assurément la vie est bien belle. Pourtant… il y a parfois des revers à certains rêves.

Venise, au fond, nous fait imaginer un éternel bonheur idyllique. Venise ne se décrit pas, elle se vit.

Michèle Richard est la seule personne qui m'ait jamais raconté son voyage à Venise, triste voyage s'il en est, histoire d'un tel désenchantement.

Elle avait accepté l'invitation d'un amoureux transi duquel elle espérait, grâce au pouvoir d'envoûtement des lieux et à la pensée magique, arriver peut-être un jour à s'éprendre. Elle me raconta comment, passant en gondole sous le pont des Soupirs, elle s'était mise à pleurer, réalisant l'inutilité de la tentative, la vaine quête d'un amour qui ne se laisse pas provoquer et le vide qui s'installe lorsqu'on s'aperçoit que l'on n'y parviendra pas. Moment d'amer regret. L'amoureux, tout attendri par ce débordement lacrymal et croyant lui avoir fait verser quelques larmes de joie, ne s'en retrouva que plus amoureux, ce qui gâcha passablement la suite des choses. L'amitié, ouvertement conclue, entre Henri et moi nous évitera fort heureusement ce genre de désagrément.

J'aime Michèle, et pourtant je ne la fréquente plus. Plus jamais nous ne serons aussi proches l'une de l'autre que nous l'avons été autrefois. Elle vit dans un monde dont elle est le centre et autour duquel tout doit graviter. Dans ce cercle évoluent exclusivement des admirateurs inconditionnels, ceux qui font vivre son besoin affectif en lui accordant un total dévouement, ceux qui la servent, l'admirent, la gâtent, sans jamais qu'elle sente l'obligation morale de leur rendre la pareille. Ce mauvais travers, contrairement à ce qu'on pourrait croire, m'a enseigné les plus belles leçons de ma vie, car si la générosité est une vertu, savoir la mettre en pratique auprès des bonnes personnes et dans les bonnes circonstances est un art. En cela, Michèle est très circonspecte quant au moment et au choix de ceux à qui elle prodigue ses largesses, et je considérerai toujours comme un beau cadeau le fait qu'elle m'ait acceptée dans sa vie. Malgré tout, Michèle est un être beaucoup plus profond que toutes ses frasques pourraient le laisser croire. Elle a une sagesse acquise à rude école mais, en même temps, issue des séquelles d'une enfance terriblement contraignante pas ses rigueurs. Son éducation, les combats qu'elle a menés, sa recherche de la perfection, son travail acharné lui ont tracé un parcours digne d'admiration, car les moyens qui l'y ont menée ne lui sont pas venus gratuitement. Elle en a bavé pour être ce qu'elle est. Quoique la vie en ait fait une drôle de bibitte, elle peut être délicieuse à fréquenter. Encore faut-il tomber sur ses jours de « bonne lune ». Rien de plus désagréable, en effet, qu'une de ses crises en public lorsqu'elle a pris quelqu'un en grippe, car rien ne peut expliquer sur quel « mauvais piton » on a pu appuyer par mégarde pour recevoir la bordée d'injures qu'elle vous réserve, et l'explication de telles explosions doit se retrouver quelque part dans une espèce de *twilight zone* connue d'elle seule. J'ai vu des gens se braquer à mort et la haïr avec une rare intensité, après avoir été la cible d'une de ses incompréhensibles attaques. Et pourtant, vus sous un autre angle, certains de ces moments ont été les plus incroyablement drôles de ma vie.

Michèle a été propriétaire d'un bar-restaurant à Saint-Sauveur – le « Michèle R. » – où travaillait son amoureux du moment, Jean-Marie, un homme que j'adorais car il savait désarmer en quelques phrases certaines menaces d'explosions verbales, et Dieu sait qu'en période de stress elles pouvaient être nombreuses. Toutes les fins de semaine, le bar était plein à craquer. Nous y étions, elle et moi, installées au comptoir à partager péniblement, à cause du bruit, quelques secrets intimes quand une dame un peu éméchée nous approcha.

« Bonjour, Michèle, me reconnais-tu ? »

Autre leçon de Michèle : « Danielle, quand on te pose cette question, réponds toujours oui. Car si tu dis non, on va te retenir à l'infini et te donner la liste de tous les événements reliés à la rencontre jusqu'à ce que tu puisses éventuellement t'en rappeler. Or, comme ces souvenirs reviennent rarement, non seulement tu y perdras un temps précieux, mais tu dévaloriseras en même temps la personne devant toi qui se croit unique et qui se nourrit de l'espoir utopique que tu puisses te souvenir d'elle comme ayant joué un rôle essentiel dans ta vie.

— Oui, mais si la personne me demande où je l'ai rencontrée pour me tester ?

— Dis-lui : "Je me souviens de votre tête, c'est évident, je n'oublie jamais les gens... mais où et en quelles circonstances, il faudrait un peu m'aider." »

Ce qui pour moi n'est pas mentir puisque c'est souvent le cas.

La dame reprend :

« Ben voyons, je peux pas croire que tu te souviennes pas de moi ! J'étais ta voisine immédiate, celle à côté de la maison de ton enfance à Sherbrooke. On s'amusait ensemble ! »

Encore polie, Michèle rétorque qu'elle peut difficilement s'en rappeler, car elle était bien plus souvent sur la route en spectacle avec son père qu'à la maison, et que son père venait la chercher à l'école pour la mener directement au travail. Elle faisait ses devoirs dans la loge de la salle où avait lieu le spectacle, se changeait dans sa robe à crinoline, chantait vers la fin de la soirée et rentrait à la maison bien passé minuit, endormie sur la banquette arrière de la voiture, et ce, dès l'âge de six ou sept ans.

Mais la dame, fière du souvenir de son aventure privilégiée, insiste et en remet, déçue de constater que ces réminiscences, si souvent racontées à son entourage, ne sont ni partagées ni accréditées. Ce constat douloureux doit la démolir. Elle persiste...

« Ben voyons, rappelle-toi : je te prêtais mes jouets... »

C'en est trop. Le ton monte. L'imprudente aurait dû percevoir certains signes avant-coureurs. Ça y est, la malheureuse a pesé sans le savoir sur le fameux bouton. Michèle explose.

« Comment ça, tu me prêtais tes jouets ! Tu peux pas m'en avoir prêté parce que J'EN AVAIS DES JOUETS. J'en avais parce que je me les payais. On n'était pas pauvres chez nous, madame ! Et puis j'ai pas dû te voir souvent parce que moi, je travaillais à cet âge-là... ah pis tiens, c'est assez ! »

Et sur ces paroles, se frayant un chemin entre une dizaine de clients qu'elle écarte de sa route pour se faire une place, Michèle attrape le sac en bandoulière que porte la dame à l'épaule et, saisissant fermement sa longue courroie, se met à le faire tournoyer en un grand cercle dans les airs, pour le libérer, comme la pierre d'une fronde, au-dessus de la tête des clients éberlués. Menaçante, elle se rapproche de la dame et, le doigt pointé dans la direction du sac maintenant égaré, lui lance à la limite de ses capacités vocales :

« Pis toé, suis la sacoche !!! »

Des moments cocasses, il y en aurait assez pour tout un livre. Michèle les attire comme des aimants à moins qu'elle ne les provoque. Elle n'a pas tort de dire qu'il en est certains qu'elle préférerait qu'on oublie. Il arrive d'ailleurs souvent qu'elle n'y soit pas pour grand-chose même si, du fait de son impatience, elle possède un rare talent pour rendre inextricables les problèmes les plus banals du quotidien. Mais elle est comme elle est, illustrant l'adage qui dit : « Qui m'aime me suive. » Si ses aventures sont pour la plupart savoureuses, inattendues, légères… certaines peuvent toutefois être désagréables. Mais elle ne s'en plaindra jamais, interprétant cela comme de la faiblesse. Or, si Michèle pleure, la Richard se tient debout, toujours. Mais à quel prix ? Baisser sa garde permettrait qu'on attaque ses fragilités. Or elle ne sait que noblement régner, que ce soit sur son image, ses amis ou sa carrière. C'est elle qui mène ou… rien ne passe. Elle ne fait confiance à personne, sauf à son chien… et encore. En fait, tout ça remonte à son enfance.

J'ai pratiquement grandi avec elle : quand j'allais, les fins de semaine, voir ma grand-mère à Windsor Mills dans les Cantons-de-l'Est, la petite ville voisine de Sherbrooke où Michèle vivait, je suivais religieusement à la télé l'émission qu'elle faisait avec son père à la station locale (CHLT). Si son père ti-Blanc était la vedette incontestée de l'émission, c'est Michèle que nous attendions tous, les yeux « scotchés » à l'écran et, bien au-delà de sa chanson, de sa robe, de son maquillage, de sa coiffure, les spéculations sur ses amours avec le pianiste de l'émission nous intéressaient bien davantage. Michèle m'a donné les premières images de ce que je voulais devenir plus tard : une princesse. Enfant unique, toute son enfance, toute son adolescence ont été marquées par l'attention qu'on lui portait. Ce mélange de rigueur et de règles que lui a, dès le départ, commandé l'apprentissage du métier lui a vite enseigné qu'elle n'avait pas droit à l'erreur, car c'était un privilège que d'être acceptée à jouer si jeune dans la cour des grands. Elle ne l'oubliera jamais et ne laissera jamais l'indiscipline mener sa vie. Mais tout alors devra tourner autour d'elle, puisque son entourage – famille, producteur, amis – apprendra à ne dépendre que du résultat de son travail et de sa réussite. Sans elle, le strass, le panache, les réflecteurs s'éteignent, notion qu'elle a vite assimilée. Briller lui permet de poursuivre sa carrière, mais c'est aussi, selon elle, la seule façon de plaire à son entourage, et plus particulièrement, autrefois, à l'homme de sa vie, son père. Elle appliquera la leçon toute sa vie et ne comprendra jamais qu'elle puisse parfois ne pas réussir, puisqu'elle aura déployé la même rigueur à redresser la barre tant pour l'échec que pour le triomphe. Mais le métier fait parfois mal les choses. On a tendance à oublier que le temps émousse les glorioles, que la prochaine idole supplante facilement l'ancienne et que, au fur et à mesure qu'on vieillit, les crises d'affirmation de soi passent pour des crises de vedette. Tout en reconnaissant les lacunes du système, je lui lève mon chapeau car elle va beaucoup plus loin que plusieurs chez qui l'usure des changements a démoli la motivation. Elle se bat farouchement, certaine de sa réussite, et ce, bien au-delà de toute possibilité d'échec, bien au-delà de son talent lui-même. Avec l'âge, non seulement pour elle mais pour nous toutes dans le métier, le procédé peut rendre terriblement vulnérable, mais jamais elle ne montrera sa propre vulnérabilité. Jamais elle ne se permettra de se laisser aller au doute, du moins publiquement. Cela, elle ne se l'autorisera jamais.

C'est le métier qui veut ça. Le *show-business* a ses tares. L'une étant celle de croire qu'il faille tout sacrifier pour y réussir et que la récompense en est le succès monétaire. Or les amours doivent suivre le même chemin. « Si tu m'aimes, tu DOIS suivre mon engagement, car le métier est mon premier amour, celui par lequel j'existe. » Cela devient le credo de tous ceux et celles qui s'y complaisent. Je l'ai fait. Tous, d'une certaine manière, l'ont fait dans ce métier. En excluant les hommes pour qui cette exigence relève généralement de l'ordre normal des choses, je n'ai connu que bien peu de femmes qui, au faîte de la gloire, auraient accepté de quitter le *show-business* pour se consacrer à la vie domestique, tant les métiers de la scène peuvent combler en termes de passion et d'émotions. Passion et émotions qui peuvent toutefois, avec le temps, mener au pire déséquilibre et transformer ceux qui s'y adonnent en « énormes nombrils sur deux pattes ». Ne pas le comprendre à temps nous expose à une vie de solitude assurée, l'autre n'y trouvant jamais ni son compte ni sa place. C'est ce que Michèle a appris avec le temps. Elle avait épousé Yvan, un gars qui avait trimé très dur dès sa plus tendre enfance. Déjà à douze ans, il s'était astreint à trois emplois différents pour faire vivre sa famille dans le besoin ou pour survivre… simplement survivre. Ce côté batailleur, cette force de caractère plaisaient à Michèle par ses valeurs évidentes de ténacité. La suite ? Ce n'est pas à moi d'en juger, la justice l'a déjà fait. Au-delà des événements, Michèle et lui partageaient le même esprit de survie érigé en talent, le même manque d'enfance normale, à un âge où il leur avait fallu travailler au lieu de jouer. En plus de répéter à qui voulait l'entendre que Michèle était son « fantasme » (du moins l'a-t-il fait abondamment dans certaines interviews), il lui avait permis de se sentir prise en charge, ce qui allégeait sans doute le poids de ces longues années durant lesquelles elle avait dû mener ses batailles seule et sans répit. Enfin quelqu'un qui aurait de l'échine pour elle. Elle y a cru profondément, à ce mariage. Elle y a donné toute son énergie.

Michèle, finalement, c'est la part d'ombre avec laquelle tu t'acoquines parfois pour te permettre de vivre les choses différemment. Autant elle peut se croire invulnérable – ce qui n'est pas du tout le cas – lorsqu'elle déploie toute sa froideur, autant elle peut exprimer le contraire dans les moments d'intimité. Toute idée qu'on puisse avoir de la démesure n'est rien à côté de celle qu'elle peut nous faire vivre. Pas de demi-mesure pour elle, elle doit tout vivre avec un maximum d'intensité. Mais qu'on lui donne quelques moments de repos, quelques moments d'une vie plus légère, plus sereine, et jamais elle ne sera plus belle, plus magnanime. Je pense à deux événements précis, quoiqu'il y en ait eu bien d'autres.

Nous étions en Grèce où j'accompagnais, pour la seconde fois, un groupe de voyageurs. Et comme le contrat me permettait d'y inviter quelqu'un, j'avais choisi Michèle qui, tout autant que moi, adore voyager. Elle a cette habitude, assez amusante du reste, d'acheter tous les guides des villes à visiter. Une fois rendue à destination, elle a cette manie surprenante d'y regarder les images et de rechercher l'endroit où la photo a été prise. J'avais trouvé plutôt bizarre cette pratique qui consistait à venir me dire, comme un enfant ayant complété une chasse au trésor : « Regarde, c'est dans le livre, on est exactement à la même place. » J'ai même une photo d'elle, pointant sur la page la maison dont elle avait identifié l'image, et devant laquelle elle avait voulu être photographiée. Pour moi, il était important, avant le départ, de connaître le trajet, d'identifier ce que nous allions voir et d'en faire l'objet de longues conversations. L'un de ces trajets prévoyait un arrêt dans les plaines de Thessalie à partir de la vallée de Kalambaka (où se trouve la plus vaste concentration d'oliveraies de Grèce). Le village de Kalambaka lui-même est situé sur le site des célèbres Météores et j'y ai assurément vécu l'un des moments les plus poignants de mon existence. J'expliquai donc à Michèle l'histoire de ces étranges pitons de pierre aride, hauts de 300 mètres et chapeautés de monastères orthodoxes du XIe siècle, dont six seulement, sur les vingt-quatre existants, peuvent être visités. À l'époque, ces hauts lieux avaient été créés afin de se prémunir contre les invasions turques et albanaises. On ne pouvait d'ailleurs y accéder qu'au moyen d'échelles clouées à la paroi rocheuse ou, de façon plus pratique, dans un filet tressé en nacelle et descendu dans le vide par un système de poulies de bois. Il ne fallait pas souffrir de vertige. Aujourd'hui, l'ascension vers ces merveilles se fait d'abord en autobus, ce qui en soi est tout un exploit si l'on considère que, dans l'un des passages étroits de la route en lacet, le devant de l'autobus est tout simplement suspendu au-dessus du vide. Un mauvais calcul quant à la position de la roue avant et on risque de redescendre, cette fois-ci... par le train express. Mais comment transmettre l'émotion suscitée par un tel lieu, considérant que celle-ci varie tellement d'une personne à l'autre ? Pour moi, rien n'a égalé le sentiment d'extase presque mystique ressenti à la vue de ces rochers si près des nuages et chargés d'une énergie qui vous oblige, naturellement, dès l'arrivée, à vous recueillir en un silence révérencieux, comme si le moindre bruit absorbé par les hauteurs, l'air et la lumière devenait soudain inaudible, la moindre parole vaine et superflue. J'attendais depuis des mois le moment de notre arrivée en ces lieux, me demandant si Michèle allait partager le sentiment de plénitude que j'y avais ressenti lors de ma première visite. Tout moment anticipé devenant plus grand que nature, je craignais que mon souvenir n'ait idéalisé l'endroit, d'avoir été davantage touchée par l'effet de surprise suscité par les lieux que par la réalité. Mais, en descendant de l'autobus, je me retrouvai à nouveau submergée par cet état de grâce, toujours intact, et me tournai vers Michèle pour voir si j'avais réussi à lui transmettre ma passion. Elle avait la figure zébrée de larmes et rien ne pouvait l'arrêter.

Nous sommes restées silencieuses, soudées l'une à l'autre, laissant planer notre bonheur au-dessus de l'horizon, dans l'air frais et raréfié des hauteurs, chacune perdue dans ce moment d'union rare, sans pudeur et exprimant sans mots ce que le cœur exaltait. C'est ça aussi, Michèle Richard : une heureuse surprise au milieu d'un paquet de contradictions, et ce sont des moments comme celui-là qui me font oublier les moments désagréables.

Nous sommes à l'opposé l'une de l'autre : j'ai tendance à tout pardonner, Michèle à tout soupeser. De ses revers de fortune, elle conserve une leçon quant aux gestes à ne plus répéter, tandis que je me perds, encore et encore, à trop faire confiance. Sa force m'a enseigné que, dans certaines situations, l'insensibilité renforce la détermination, principe que j'ai adopté tout en prenant garde de ne blesser personne. En ce sens, ma position est faite de compassion, tandis que celle de Michèle est plutôt de protection envers elle-même. Elle crée une distance entre elle et les gens, sachant que de se permettre d'avoir mal la tuerait aussi assurément qu'un vrai coup de couteau au cœur. Elle tue pour ne pas être tuée. Qui a compris cela devient plus tolérant à son égard. Encore faut-il trouver une raison sensée d'accorder si souvent le pardon à certains de ses gestes déraisonnables, car l'exercice, à la longue, devient épuisant. Je n'ai d'ailleurs pas encore su cerner ou expliquer les raisons véritables pour lesquelles j'ai maintenu mon attention à son égard, elle qui sait si mal aimer et qui a réussi à ternir – et vous m'excuserez d'en taire les détails – trente ans d'amitié. J'ai toujours, malgré tout, ressenti le désir de la soutenir alors que tout aurait dû me faire fuir. Je redoute probablement que la recherche de la vérité ne m'amène dans des coins d'ombre qui me feraient mal à remuer et qui mettraient mes propres failles en évidence. Qui n'est pas réticent à affronter ses faiblesses, celles qui pincent les cordes du cœur? Car, sans restriction, malgré nos différences de valeurs, d'éducation, de parcours, j'aime Michèle. Et lorsque, comme maintenant, amèrement déçue de sa froideur, usée par tant de gestes à sens unique et certaine de devoir me tenir droite, je me suis éloignée d'elle... je n'en ressens que du chagrin, un immense chagrin.

Mais revenons-en à cet autre souvenir touchant... C'était l'anniversaire de Jean-Marie, l'amoureux de Michèle à l'époque, et Guy Boucher et moi nous étions rendus dans les Laurentides pour le fêter. Nous sommes donc assis au salon, à décider dans quel restaurant nous irions célébrer l'événement. Michèle insiste pour un endroit qui lui permette de respecter ses restrictions alimentaires, car elle suit encore un de ses régimes préliminaires à un spectacle quelconque. Comme nous en étions à une impasse quant au choix de l'endroit, l'amoureux décréta qu'à tout prendre on pouvait faire venir du poulet à la maison. On sortirait plus tard pour aller célébrer dans une boîte. J'enjoignis donc mes deux lascars d'aller chercher du « Saint-Hubert », tâche dont ils s'acquittèrent avec empressement. Et pour cause : quelques minutes plus tard, un livreur sonnait à la porte, porteur de nos deux repas et de l'information que « ces messieurs » étaient restés au village pour s'amuser. Pas de cellulaire à l'époque! Mais où sont-ils allés? Michèle appelle les quelques endroits dits « à la mode » de Saint-Sauveur, mais sans succès. Il fallait se rendre à l'évidence : on nous avait abandonnées. J'ai trouvé ça très drôle. Michèle considérablement moins. Mais, en attendant, que faire ? Il lui vint à l'idée de sortir des cahiers à colorier qu'elle avait gardés de son enfance et retrouvés récemment. Elle se mit à me raconter les beaux souvenirs qu'ils lui rappelaient. À côté, une boîte de crayons de couleur à peine entamés. Cherchant à la distraire, je lui dis : « Te souviens-tu comment on crayonnait le pourtour de façon plus soutenue, puis ensuite en dégradé vers le centre ? » On s'est assises et on s'est mises à remplir des pages et des pages de scènes et d'images enfantines tout en nous racontant des souvenirs de nos familles respectives et de nos Cantons-de-l'Est adorés. Pendant ce temps, anticipant le pire au retour du « jubilaire », je m'étais efforcée d'expliquer à Michèle qui, cette fois avait raison d'être furieuse, qu'il était important, le jour de son anniversaire, de pouvoir vivre pleinement ce moment comme bon nous semble, ce qui l'avait empêchée d'éclater à nouveau à l'arrivée de l'amoureux, totalement aviné. Quand je repense à ce moment privilégié entre deux adultes retombées en enfance, hypnotisées par la création d'œuvres stériles – car qui aurait voulu de ces chefs-d'œuvre –, l'inutilité de ces coloriages disparaît et ils deviennent le noyau d'un moment de total et rare abandon. Assises sous la lampe Tiffany du salon, nous avions à nouveau dix ans et des souvenirs heureux à partager. Une union s'était créée, une bulle unique que nous n'avons plus jamais retrouvée.

Il faut d'abord comprendre Michèle pour l'aimer, tout en acceptant de ne jamais tout à fait cerner le personnage. Car au moment où la confiance s'installe, s'installe également pour elle une sorte de piège imaginaire qui lui donne l'impression de se faire avoir au sentiment. Et s'il lui arrive de se laisser aller, elle espérera alors de toi une totale servitude, car elle est convaincue que l'intimité passe par ce degré. Par exemple : elle ne délègue jamais. Elle veut tout voir, voir à tout et tout contrôler. Ce qui peut être fort épuisant à la longue. Vient aussi, en dépit du peu de confiance qu'elle t'accorde, une série de tâches à accomplir dont elle te gratifie selon l'importance qu'elle te concède. Dans mon cas, c'était la conduite automobile. Seigneur ! Vous ne voulez pas vous retrouver avec elle dans une voiture ! Dernièrement, Michèle a eu de nombreux problèmes causés par sa manière de conduire. On l'a souvent prétendue pompette, mais je peux vous dire qu'elle applique simplement ce qui lui semble normal. Partir en marche arrière alors qu'elle doit aller de l'avant : NORMAL. Empiéter sur une ligne fraîchement peinte sur l'autoroute et couvrir, par le fait même, sa voiture de peinture jaune ou blanche : NORMAL. Un petit bout sur l'accotement de « gravelle » et un autre en sens inverse de la circulation : NORMAL encore. Pas une once de boisson, juste une conduite normale ! Mais je parlais de confiance. Voyez plutôt ! Nous allions un jour vers Québec où nous devions participer toutes deux au Salon de la femme, invitées par notre amie Jacqueline Vézina. Michèle me demande de conduire sa voiture, une magnifique Mercedes sport de couleur beurre frais. Nous n'avons pas sitôt quitté le pont Jacques-Cartier qu'elle tombe dans un profond sommeil, que même la musique de la radio ne parvient pas à troubler, et ne se réveille qu'une fois au pont de Québec. Michèle devant travailler dès l'arrivée, nous nous dirigeons vers l'hôtel pour déposer les bagages, puis vers le site de l'exposition. Comme j'avais quelques courses à faire, je lui demande de me prêter la voiture. Je la sens très hésitante, mais elle me tend les clefs en disant : « N'oublie pas qu'il y a une franchise de 5 000 dollars sur cette voiture, et si tu as un accident, c'est toi qui payes ! » Ben... et pendant ces trois heures durant lesquelles j'ai servi de chauffeur, ai-je été imprudente ?

Ah ! cette voiture, objet de tant d'aventures... j'étais amoureuse d'un gentil monsieur qui m'avait invitée à un chalet qu'il avait loué pour la fin de semaine. Dans les années 1980, je travaillais à la radio CIEL des Laurentides et j'avais le plaisir d'habiter chez Michèle toutes les fins de semaine. Le dimanche, immuablement, nous allions faire du ski de soirée dès la fin de mon émission. Un grand plaisir. J'avais une habitude qui amusait Michèle au plus haut point : reprenant les chansons à la mode diffusées sur les pistes de ski, je les parodiais en les exagérant les tonalités des chanteurs. Chaque remontée était l'occasion de fous rires inextinguibles. Mais cette fin de semaine là, je décidai de rester avec mon amoureux et d'inviter Michèle à partager notre repas du samedi. Vers 11 heures, tout le monde veut aller dormir et Michèle, devant travailler à Montréal le lendemain, reprend la direction de sa maison. Dehors, une tempête ahurissante s'est abattue par surprise. Par politesse, un des convives va réchauffer la voiture de Michèle, la déblaie et la mène devant la porte, en bas de la côte... ce qu'il ne fallait pas faire : la voiture n'avait pas de pneus d'hiver. Furieuse, Michèle se met à invectiver sévèrement le généreux camarade, si sévèrement en fait que plutôt que de l'aider à sortir de ce bourbier, les hommes, d'un commun accord, décident d'aller se coucher en disant : qu'elle se débrouille ! Qui est restée prise avec le problème ? Bibi, bien sûr ! Pour Michèle, pas question de faire appel à une dépanneuse, il était trop tard. Impossible de sortir la voiture de là. Qu'ai-je dû faire ? Eh oui, abandonner l'amoureux, prendre ma voiture munie d'une traction avant et la conduire chez elle, m'y installant moi-même car il était 2 heures du matin et je devais aller travailler à la station de radio à 7 heures le matin même. Le dimanche donc, les copains étant retournés à Montréal, Michèle me dit qu'il va falloir trouver un moyen de sortir la voiture de là. On retourne au chalet, mais rien à faire. Je remarque cependant qu'on pourrait y arriver en utilisant une stratégie de patience, vertu qui soit dit en passant manque notablement à ma petite camarade. Aidées d'une pelle et rien d'autre, l'idée est de dégager la neige sous les roues et lentement, très lentement, de faire avancer la voiture hors des plaques de glace formées la veille par les roues tournant à vive allure. Qui pellette ?… moi, évidemment ! Je guide Michèle, qui est confortablement assise dans la voiture. Mais voilà, elle refuse d'écouter mes recommandations ! Dès qu'elle a réussi à avancer d'un pied, elle se met à nouveau à accélérer, formant ainsi une nouvelle plaque de glace dure. Une fois, deux fois, trois fois, je lui dis de se calmer et de garder les roues très droites. Je m'adosse à un muret de pierre, me tenant près de la portière et de la fenêtre ouverte, d'où je peux mieux contrôler ses mouvements impétueux en criant plus fort qu'elle. Nous y sommes presque. La voiture est dégagée maintenant sur une distance de 3 à 4 pieds, un dernier effort et… Michèle n'écoute toujours pas et décide d'accélérer à fond. Ce faisant, la voiture se déporte, m'écrase sur le muret tandis que les roues me passent sur les pieds. Une rage folle s'empare de moi. Perdant tout contrôle, je martèle sa voiture de coups de poing, tout en l'invectivant de jurons bien placés. Surprise par cette colère ravageuse, elle se calme et décide finalement que de m'écouter pourrait être une bonne idée. Je revois la tête des voisins regardant ces deux femmes se crêper le chignon, ce qui est assurément un des moments les plus loufoques de l'aventure. Me plaçant cette fois à l'arrière de la voiture, je l'encourage à prendre du recul et à gravir rapidement la côte. Un voisin compatissant, disparu un peu plus tôt car Michèle l'avait abreuvé lui aussi et sans le connaître de qualificatifs peu encourageants, prend pitié de moi et vient me porter un peu de gravier à placer sous les roues, ce qui devrait aider. Je me place cette fois à l'arrière de la voiture tandis que Michèle, une fois de plus, rassurée par l'adhérence que lui donne cette pierre fine, recommence à accélérer rapidement… faisant rejaillir toute la neige mêlée de gravillons dans les airs, ceux-ci se déposant en deux longues lignes noires, magnifiquement parallèles, sur mon beau et long manteau de laine blanche, dans mes lunettes et mes cheveux. J'ai l'air d'un bonhomme de neige tout sale, prêt pour la fonte du printemps. Nous avons mis quelques heures et trois à quatre verres de vin à nous calmer et à nous retrouver, en chandail et collant, à pleurer de rire et à nous rouler sur le tapis devant un bon feu de cheminée à l'évocation de la journée. C'est pour ces moments-là que j'aime Michèle et ceux-là seulement !

Et que dire de cette fois où nous nous sommes retrouvées perdues en pleine nuit sur une petite route de campagne de l'Ontario ? Devant un panneau de signalisation qui indique l'est et l'ouest, nous arrêtons la seule voiture qui se pointe derrière nous pour demander la route à suivre. Comme Michèle ne parle pas parfaitement l'anglais et qu'elle semble préférer se passer de mon aide, elle demande la direction de… Saint-Sauveur ! Comme si c'était la porte à côté. Ce à quoi les occupants de l'autre véhicule répondent forcément qu'ils n'en ont pas la moindre idée. Elle insiste, même si c'est toujours la même réponse qui lui revient : « We don't know. » Je commence à me sentir troublée par cette situation qui risque de nous mener dans de longs détours, sinon au diable vauvert, d'autant plus que je sens que ces malheureux samaritains ont, sans le savoir, pesé sur le fameux « piton ». Comme je m'y attendais, l'affaire dégénère et c'est une Michèle furieuse qui se met à hurler son impatience à ces pauvres bougres : « Alors c'est *histe* ou *ouiste* ? » (est ou ouest dans son anglais), comme s'ils avaient démontré de la mauvaise volonté à nous aider à sortir de ce bourbier. Ils ont fiché le camp – je me demande bien pourquoi ! – en nous laissant nous dépatouiller avec notre dilemme. Fort heureusement on opta, au jugé, pour la bonne direction.

Penser pouvoir la cerner facilement tient de l'utopie. Rien n'est banal chez Michèle. Au moment où tu crois avoir acquis une ligne directrice pouvant expliquer ses états d'âme, elle t'attire dans un monde où l'émotion est à son comble. Et tu ne peux que rarement le voir venir.

Pour sa téléréalité, Michèle m'avait demandé de visiter avec elle la maison d'un *fan* qui la suivait depuis

de nombreuses années. Et quand je dis « suivre »...
J'avais rencontré cet homme une vingtaine d'années auparavant, car Michèle l'accueillait à chaque printemps, accompagné de son amoureux, jardinier de son état, dans sa maison de Saint-Sauveur. Pendant que le copain se farcissait le ménage et l'aménagement des plates-bandes de fleurs saisonnières de l'immense jardin de madame, le *fan* savourait le plaisir de se retrouver dans la demeure de son idole, dégustant chaque minute comme si ce privilège – son seul salaire du reste – constituait l'apothéose de son existence. Rendre ses grâces à quelqu'un qu'on admire peut être en soi un plaisir fort gratifiant. Je le savais heureux, ne recherchant qu'un peu d'attention, mais jamais je n'ai pu complètement me faire à ses confidences qui me décrivaient les murs de sa maison, entièrement couverts de photos de Michèle, alors qu'en contrepartie je ne pouvais déceler chez elle le moindre plaisir de l'avoir comme ami, ne fût-ce que pour le bien de son jardin.

« Des photos, j'en ai dans le bac à œufs de mon réfrigérateur, près de mon lit, pour la voir lorsque je suis allongé, et même sur le couvercle du bol de toilette. J'ai fait des coussins avec les retailles de ses costumes de spectacle », me dit-il.

Me prenant au jeu, je lui demande quel est son avoir le plus précieux.

« Un jour, Michèle est venue chez moi et elle a bu un Bloody Mary. J'ai encore la paille qu'elle a utilisée pour le boire et dans laquelle il est resté un peu de jus de tomate ! C'est la paille qui a touché aux lèvres de Michèle. Je l'ai mise à sécher entre les pages d'un livre pour ne pas la perdre. »

Ça m'impressionnait beaucoup. De mon côté, n'ayant eu pour m'entourer d'attention excessive que quelques fous certifiés (et déclarés à la police, tant parfois leur présence était dérangeante), ce *fan* de Michèle à l'admiration excessive, pleinement et consciemment déployée, me semblait fabuleux.

À la demande de Michèle et dans le cadre de cette émission, j'allais donc découvrir, quelque vingt ans plus tard et devant les caméras, la maison du *fan* en question, laquelle n'avait pas changé, le zèle de son propriétaire à la rafraîchir par l'addition de nouveaux souvenirs s'étant quelque peu estompé.

Flanquée sur un petit coteau, la demeure est modeste et coquette. Tout est propre et bien rangé, et on ne remarque pas au premier coup d'œil l'étalage de toutes ses « richesses ». Mais en y prêtant attention, on découvre peu à peu les rayons et les tablettes remplis de disques de vinyle et de CD soigneusement alignés. Quelque peu jaunies par le temps, des photos du passé s'étalent sur chaque mur, tandis que les plus récentes agrémentent les cadres du salon. On sort les *scrap-books* amoureusement découpés et écornés à force d'être feuilletés. Michèle les parcourt avec un plaisir renouvelé, isolant des histoires liées à diverses étapes de sa vie et précisant au passage lesquelles sont réelles et lesquelles sont inventées, ce qui nous fait bien rire. Mais rien ne me préparait à l'étape finale de cette visite, tant la rencontre avait été rafraîchissante de par son côté spontané et par les manifestations, à peine atténuées par le temps et la distance, d'un amour débordant. Jetant un coup d'œil vers le fond du salon, j'y découvre une nouvelle pièce que l'on avait, de toute évidence, gardée pour la fin du tournage. Je sens notre hôte à la fois fébrile et gêné de nous y conduire. Se dégage de sa démarche une évidente fierté de l'avoir fait construire – c'est ce qu'il nous précise –, mais aussi, imperceptiblement, une hésitation à savoir s'il devrait ou non nous mettre dans la confidence. Il n'est cependant pas de taille à émettre une opposition : comment contrer toute une équipe désireuse de trouver de la « matière à tournage » et pourquoi décevoir Michèle et ne pas montrer ce temple élevé à sa gloire et à sa beauté ? Pourtant, pas une photo ne trône dans la pièce. S'y élève cependant une petite estrade à mi-chemin du mur du fond. Aux fenêtres, de légers et très vilains rideaux de nylon violet, parsemés de pastilles argentées vont lécher le dessus du crâne d'une tête de mort en plastique, posée sur le sol et qui sert, me dit-on, à répandre une fumée opaque comme on le fait parfois lors de certains spectacles. Pour compléter l'ambiance, une boule de miroirs accrochée au plafond projette partout sur les murs un tournoiement de reflets éblouissants et décuplés à donner des nausées. À peine remise de la surprise de ces découvertes, j'hésite à demander pourquoi le mot « sexe » est dessiné en noir sur le plancher de l'estrade, et pourquoi on y retrouve aussi une table de massage. Les explications de notre hôte sont vaseuses. Je sens que je l'y oblige – l'émission l'impose – et qu'il s'en passerait bien. Il me confie qu'il s'agit d'une salle pour des spectacles destinés à des amis triés sur le volet.

« Mais… heu… comment ça se passe ? » Il se dirige vers le fond de la pièce où, suspendue à une patère, je devine une robe et reconnais un costume de scène ayant appartenu à Michèle : une création ornée de sequins bleus à parements de fleurs rose fuchsia qu'elle portait pour son spectacle au Caf'Conc du Château Champlain vingt ans plus tôt.

« Michèle a été très gentille et me l'a vendue. Forcément, je l'ai fait agrandir... pour moi, et quand je fais des spectacles, je mets la robe, une perruque et je chante en *lip-synch* sur les chansons de Michèle. Et on finit la soirée par un massage sur la table... mais rien de cochon... un vrai massage... par des professionnels ! »

Tout cela est sur-réa-lis-te. Je sens un malaise monter en moi, je me sens vaguement voyeuse et j'en oublie de poursuivre. Tant de candeur et de naïveté dans ce manque de normalité... Je quitte lentement la pièce, laissant aux autres le soin de compléter le reportage, car d'arracher ainsi des confidences à un inconnu devenu « Star d'un soir » me gêne énormément. J'ai la nette impression d'avoir violé les secrets d'un être complètement dévoré par ses passions intimes et qui, face à son idole, ira pour lui plaire jusqu'à sacrifier ce qui lui reste de pudeur. Ça m'attriste profondément. Je fais peut-être fausse route, il est possible que certains êtres ne puissent concevoir leur passion autrement, au point d'en oublier toute réserve, et c'est mon problème si je ne suis pas prête à admettre qu'ils puissent vivre ainsi, heureux, sans que leur façon d'exprimer leurs sentiments soit moins louable que celle que l'on nous a inculquée avec les bonnes manières.

L'émission, tournée en deux parties, se conclut sur une conversation au restaurant où je me retrouve face à Michèle à qui j'expose mon malaise. Je n'avais rien d'autre à dire de toute façon, et Michèle me connaît suffisamment pour savoir qu'il y aurait sujet à commentaires à la suite de cette visite. Je n'aime pas juger les gens. Mais l'excès me déstabilise parfois et me rend sceptique quant à la nature humaine. Tous ont droit à leur part de rêve, peu importe le moyen ou la route empruntés pour y arriver. Mais l'exposition de cette intimité me fait penser à un *strip-tease* forcé et je crains la réaction du public qui découvrira « à froid » une telle mise en scène. En être témoin direct n'était déjà pas banal, devoir l'expliquer devient encore plus délicat. Assise à table face à la caméra, Michèle m'explique et sa réaction m'étonne profondément. En substance, elle me répond : « Ce gars-là m'aime profondément. Il ne me juge pas, ne me blâme pas, ne me déçoit pas, il est présent et fidèle. Il ne me dérange pas, ne m'agresse pas, ne m'oblige pas. Pourquoi devrais-je le rejeter, le blâmer ? Parce que je ne le vis pas comme lui ? Ce gars-là, c'est mon public, c'est ma famille, ma seule famille. Je vis par lui et à travers lui, peu importe la manière dont il s'y prend, il me respecte, et moi, pour ça, je le respecterai toujours. »

Belle leçon. Infiniment triste mais belle. En effet, qui sommes-nous pour juger des autres comme si seule notre façon d'agir était la bonne ? Comment oser compartimenter les formes de bonheur et isoler celles qui nous semblent déviantes par rapport à nos valeurs, en couvrant d'opprobre ceux qui ne savent vivre autrement ? Pourquoi oublier l'être au profit de la rectitude si cet être, par ses actes, ne nuit à personne ? Je n'irais pas jusqu'à en faire une référence, mais j'apprendrai ce soir-là que l'abandon de nos préjugés nous permet non seulement d'accepter ces personnes, mais aussi toutes les facettes des miroirs du cœur, et que l'on ne s'appauvrit pas moralement en se permettant de les aimer, eux et leurs différences.

Surprenante, déroutante Michèle. Mon double et mon contraire.

Et toi, Henri, comment se fait-il que je ne connaisse pas davantage les tiroirs secrets de ton existence ? Et que sais-tu, toi, de la mienne depuis que l'on se connaît ? Suis-je différente à tes yeux de celle que projette l'image publique ? De celle qui se reflète dans le regard des autres, ceux qui te demandent qui je suis en réalité ? Je crois que je t'aime parce que tu te moques éperdument de tout ça. Que c'est rafraîchissant !

Le lac de Garde et le lac Majeur

> « J'ai pour toi un lac, quelque part au monde,
> Un beau lac tout bleu,
> Comme un œil ouvert sur la nuit profonde,
> Un cristal frileux [...]
> J'ai pour toi défait
> Mais refait sans cesse les mille châteaux
> D'un nuage ami qui pour ma princesse
> Se ferait bateau... »
>
> *J'ai pour toi un lac* (Gilles Vigneault)

On ne peut dire qu'Henri et moi ayons eu de grandes conversations philosophiques lors de ce voyage mais, derrière les silences partagés, j'arrive facilement à deviner l'homme. Dans cette communion pratiquement muette mais si pleine de tendresse malgré tout, nous nous sommes forgé quelque chose ressemblant à une amitié de vieux couple. Depuis sa lutte pour retrouver la santé, chaque surprise que lui réserve ce voyage semble le ramener à l'essentiel, quoique je n'arrive toujours pas à comprendre sa frénésie d'acquisition. Il aime ce qui est beau, c'est vrai, et il veut tout acheter, tout posséder. Mais il veut aussi tout donner : une multitude de cadeaux glanés à droite et à gauche en font état. Est-ce pour lui une façon de laisser une trace tangible ? Une façon de se prouver que si le corps n'y est plus, son souvenir persistera à travers ces cadeaux dans la pensée d'autrui ?

Quant à moi, je me contente du plaisir de sentir que ma présence le rassure et l'apaise. Pas d'explications, pas de jugements, pas d'obligations. Je n'ai qu'à regarder les yeux de mon ami, à observer son port de tête, la direction de son regard, la lenteur ou la nervosité de ses gestes, et je sais le suivre à travers les méandres de sa pensée. Il a mal, j'ai mal. Il a faim ou soif, mon corps lui aussi commande la même chose. Il se languit d'un amour illusoire… Ah ça, non ! Je ne me languis plus. Pour un temps indéfini, j'ai éliminé de ma vie toute velléité amoureuse, histoire de remettre mon cœur dans le droit chemin. Pour avoir aimé, trop aimé, mal aimé aussi, je suis allée d'aventures amoureuses en déceptions dévastatrices, et pour savoir ce que mon cœur veut désormais, j'ai entrepris ma recherche par une balade du côté de moi-même et cessé de prêter des vertus à des gens qui n'en avaient pas, dans le seul but de ne plus être seule. Quand j'aurai appris à faire respecter mes besoins, plutôt que d'espérer vainement qu'on le fasse spontanément ; quand j'aurai appris à concéder allégeance ou abandon à la bonne personne sans me vider de ce que je suis ; quand j'aurai appris que la solitude n'est pas triste mais que j'y trouve, au contraire, le temps nécessaire à m'apprivoiser moi-même, plutôt que de me contenter d'exister dans le regard d'autrui, quand j'y arriverai, alors là je serai prête à aimer. Il se pourrait que ce moment ne vienne jamais. Il se pourrait aussi qu'il vienne la semaine prochaine. Mais ce ne sera plus jamais pour les mauvaises raisons. Il me semble que les hommes pensent rarement de même. Du moins ceux que j'ai connus. Quand ils choisissent de s'isoler, c'est souvent par déception face à l'autre, sans chercher en eux-mêmes s'ils pourraient par hasard y trouver une tare. L'autre sera toujours responsable... alors qu'il suffit d'aller en soi et de chercher sans se mentir – ce qui est essentiel – ce qu'on a réellement et honnêtement à offrir, sans conditions.

Est-ce ce à quoi songe mon bel Henri, dont la vie a pris un virage si cruel ? En effet, qui veut le suivre, le fréquenter, doit dorénavant composer avec des nuances nouvelles mêlant l'ombre de la mort et la lumière de la vie dans toute son urgence d'être vécue. A-t-il peur de perdre son nouvel amour ? Craint-il qu'elle remette en cause leur relation face aux conséquences de sa condition ? Et comment faire abstraction de cette ombre ? Devra-t-il offrir davantage, comme il le fait en ce moment en choisissant un nouveau cadeau dans chaque ville, comme pour s'étourdir, pour oublier l'ombre ? Quand, dans « l'insouciante plénitude amoureuse » qu'il vit en ce moment, deviendra-t-il nécessaire de départager enfin le vrai du faux et d'affronter la faiblesse des sentiments de l'autre ? Existe-t-elle, celle qui passera outre aux peurs évidentes et légitimes de ce tsunami que risque de représenter dans sa vie la maladie de l'être aimé ? Henri a toujours été généreux, et comme tous les hommes dans sa condition, il s'interroge immanquablement sur les vraies raisons pour lesquelles « ses » femmes restent auprès de lui ? Serait-ce parce qu'elles se sont habituées à l'aisance ? Bien sûr, il donne par plaisir, préférant ignorer l'obligatoire reconnaissance qui n'a rien de spontané et devient presque une aumône, proportionnelle à ce merveilleux cadeau qu'on voudrait aussi gros que l'amour donné.

Quelle plus belle preuve que celle d'une attention coûteuse, n'est-ce pas ? De fausseté en déception – rien n'est jamais noir ou blanc –, il cherche sa vérité et ne la trouve plus. Aimer arrange et détruit bien des choses. Et pourtant, sans amour on meurt, et une nouvelle femme vient immanquablement prendre le relais.

Je le sais, car j'ai moi aussi parcouru ce même chemin : donner pour se faire aimer. Donner en se faisant croire que c'est la solution. Donner pour obliger l'autre. Donner pour retarder les départs. Si le résultat du don est souvent heureux, il fait aussi oublier le réel problème qu'il vient masquer et qu'il vaudrait mieux régler sur-le-champ. Or, le cadeau vient brouiller les cartes… On donne bien sûr aussi pour le plaisir de donner, ce qui est davantage dans ma nature.

Je le pense comblé en ce moment, mon bel ami. Heureusement pour lui, les communications téléphoniques avec le Québec sont devenues aisées et il ne s'en prive pas. L'« amoureuse » ne pourra pas prétendre avoir été délaissée. Sa prévenance, son désir manifeste de me savoir extasiée partout où nous allons me dévoile une nouvelle dimension de lui : l'envie et l'appréciation des petits plaisirs de la vie qui en sont les seuls véritables.

Parlant de petits et vrais plaisirs, ils surgissent au fur et à mesure que nous remontons vers le nord et nos avant-dernières destinations en territoire italien. On sent de plus en plus la France toute proche. Les villages affichent une nature moins sauvage, plus luxuriante, définitivement plus ordonnée, et tout le long de lacs immenses, entourés de montagnes, s'alignent des palaces bien rangés. Une splendeur.

De tous les endroits visités, cette région se révélera aussi saisissante qu'inattendue. Mais avant d'y parvenir, une aventure invraisemblable vient une fois de plus illustrer pour nous la fragilité de la vie. Nous nous arrêtons au bord de la route pour prendre de l'essence. Au moment de reprendre l'autoroute, un très vieil homme, courbé tant par la vie que par le poids de l'arrosoir plein qu'il transporte, descend péniblement la pente donnant accès à l'autoroute. Dans sa hâte, il nous coupe le passage et, sans regarder, se dirige aussi vite qu'il le peut vers un feu de broussailles sûrement allumé par un fumeur négligent. Le foin sec, attisé par un vent chaud, se gonfle d'une fumée épaisse et opaque qui, pour quelques instants, nous obstrue la vue du chemin. Je le regarde peiner et perdre la moitié de l'eau de son misérable réceptacle, pauvre chose inutile à un incendie de cette envergure. Avec plein de précautions, nous nous glissons, à travers la fumée, dans la file rapide des chauffeurs italiens, toujours indifférents aux limites de vitesse, et je continue d'observer dans le rétroviseur les vains efforts du pauvre homme à combattre cet incendie qui semble, ma foi, prendre une vilaine tournure. Puis, il disparaît au loin derrière nous et je n'y pense plus. Nous avons à peine roulé deux minutes que la circulation s'allège de notre côté, tandis qu'elle est toujours complètement arrêtée en sens inverse. Et ça continue comme ça sur des kilomètres. Nous avons laissé la radio allumée et, environ une heure plus tard, nous apprenons aux informations qu'à peine une minute après notre départ un carambolage monstre, impliquant une soixantaine de voitures, a fait six morts en face de la station d'essence où nous

nous sommes arrêtés. Pourquoi eux et pas nous ? Ah, les mystères de la vie et du destin ! Une minute à peine et tout aurait pu basculer.

Ce qui me ramène à un incident survenu en plein centre-ville de Montréal quelques années plus tôt. Je rentrais à TQS après être allée faire des courses à l'heure du midi avec ma copine Suzanne Murray. Je devais faire l'émission *Le Mec à Dames* en co-animation avec Jean-Pierre Coallier, comme je le faisais depuis quatre ans. J'étais en retard et je pressais un peu Suzanne qui faisait ce qu'elle pouvait au volant de sa petite Rabbit Cabriolet.

« Plus qu'un coin de rue et on y est, Danielle ! »

Je défais donc ma ceinture pour prendre le sac que j'ai posé à mes pieds et, juste à l'intersection avant celle où je dois descendre, c'est à peine si j'ai le temps de lever la tête et d'apercevoir une voiture qui nous barre la route et fonce droit sur nous. Le chauffeur de la voiture, ne voulant pas rater le feu vert et devant tourner à gauche, avait accéléré sans nous voir. Dès lors, tout m'est venu au ralenti. La dernière image que j'ai de l'accident est, en gros plan, la tête de cet homme, ses yeux exorbités, son visage et ses mains agrippant le volant dans l'espoir de pouvoir s'arrêter à temps. Et je ne me dis que cette toute petite chose : « Oh ! j'espère que ça ne fera pas trop mal. » Pas de frayeur, rien que l'évidence de ce qui est en train d'arriver. Je me prépare à ce que ça frappe en espérant un choc léger. Et puis plus rien. J'ai perdu connaissance. Je me réveille pour me rendre compte que ma tête et mon bras ont défoncé le pare-brise, que j'ai glissé au fond de la voiture et enfoncé le tableau de bord avec mes genoux sur lesquels pendouillent les amplificateurs, la radio, le pare-brise éclaté et tout le contenu du coffre à gant éventré. Les gens s'énervent tout autour car la voiture menace de prendre feu. Ma porte est coincée et l'on n'arrive pas à l'ouvrir. Suzanne pleure frénétiquement. La voiture est déclarée perte totale et moi... eh bien moi, je calme tout le monde.

« Wow, calmez-vous. Je vais bien. Forcez pas pour rien, je vais passer par-dessus la portière. Attendez un peu que je me réveille... »

Je n'avais dès lors qu'une certitude. Si je ne m'étais pas réveillée, peut-être serais-je morte. Et si c'était le cas, je n'aurais strictement rien senti. Rien. Quelle belle mort ! Alors que maintenant, j'ai plein de morceaux de vitre incrustés dans mon bras et mon visage, les jambes couvertes d'ecchymoses, les vêtements déchirés... et une émission à faire... émission que je vais faire, malgré les protestations de l'ambulancier, le bras en écharpe, et avant même de me rendre à l'hôpital.

Si la mort est inévitable, il en est qui sont plus souhaitables que d'autres. C'est affreux pour ceux qui restent bien sûr, surtout si le corps est mutilé. Mais autrement, c'est en douceur que j'aurais basculé dans le néant. C'est souffrir qui est l'enfer. C'est d'attendre la mort qui est inconcevable. C'est la maladie qui est inadmissible. Et bien vivre sa vie, sans mal et sans peine, est un droit sinon un devoir. Et toujours la même question : pourquoi certains partent-ils aussi soudainement que l'éclair pendant l'orage tandis que d'autres, comme Henri, sont soumis à la torture d'un mal dévorant ? Toutes ces interrogations, enracinées dans les craintes les plus sournoises et auxquelles je n'avais jamais pensé auparavant, s'éveillent soudainement en observant Henri et son urgence de vivre. Vieillir consisterait-il à s'acheminer vers une certaine sagesse, à trouver la paix avant l'inéluctable départ ?

Pour en revenir au voyage, je sens Henri très heureux. Il aime les ondes profondes, spécialement celle des lacs sur laquelle il peut naviguer et la vue au loin de cette première grande étendue d'eau qui apparaît à travers la verdure, comme une émeraude dans son écrin, le ravit et l'attire comme un aimant. Nous ne consultons plus la carte, l'instinct nous dit que peu importe la route, nous sommes sur le chemin du retour et qu'en gardant le cap se dévoilera à chaque détour une surprise encore plus éblouissante que la précédente. Et nous ne sommes pas déçus quand, devant nous, apparaît le lac de Garde. Nous sommes à peine sortis de la voiture que j'ai à nouveau perdu mon trotteur, qui réapparaît dix minutes plus tard, les bras levés au ciel, un étrange sourire fendu jusqu'aux oreilles et l'air de dire : « Rien de trop beau pour la classe ouvrière ! » Tout fier, il m'annonce dans un cri :

« J'ai loué un bateau, Danielle, on va passer l'après-midi sur l'eau. »

Quel beau cadeau ! Une petite heure, pour faire la visite du village et manger rapidement dans la cour d'un château aux pierres couvertes de bougainvillées pourpres, et nous voilà déguisés en plaisanciers millionnaires affrétant un gros yacht tout blanc, juste pour le plaisir de naviguer. De temps en temps, notre capitaine pointe du doigt une villa qui souligne la présence de richissimes propriétaires italiens, mais celle dont la vue me captive le plus est plantée au milieu des ifs, affichant, prétentieuse et grandiose, une devanture à colonnade résolument gréco-romaine.

« Elle a appartenu à Maria Callas », nous annonce le guide. Je me suis demandé si cette vue à couper le souffle aurait pu, à elle seule, réussir à apaiser l'âme tourmentée de la cantatrice car, me dit-on, elle y aurait passé les dernières années de sa vie à pleurer sa solitude et ses amours déçues. Et pour encore faire écho à ces questions existentielles qui semblent nouvellement hanter mes réflexions, je me demande : comment peut-on souffrir quand le labeur de toute une vie peut enfin t'offrir le meilleur ? Et la réponse est sûrement que le bonheur, le seul, même petit et esseulé, sommeille en nous et nulle part ailleurs. Suffit de le réveiller.

On quittera ce petit paradis toujours sans planifier le parcours, et c'est encore sans chercher qu'on se retrouvera à nouveau devant un panneau de signalisation routière annonçant une ville dont le nom, Stresa, nous inspire et dont la proximité nous incite à nous y arrêter pour la nuit. Mais là vraiment, s'il faut parler de quintessence du plaisir et de l'enchantement, nous l'avons atteinte ! Et ce bonheur s'appelle le lac Majeur. J'ai retrouvé au fond de ma mémoire un air ancien, chanté par Mortimer Schuman et portant le nom du lac Majeur. Une musique parfaite pour le paysage qui s'étale devant nous et qui traduit, mieux que tout, ce mélange de paix et de langueur qui m'envahit à la vue des milliers de diamants que le soleil saupoudre généreusement à la surface soyeuse du lac. Au loin, trois petites îles retiennent mon attention : on dirait de fragiles lopins oubliés, enserrés entre de gigantesques montagnes. L'une d'elles me semble plus énigmatique

que les autres avec ses airs de bateau hautement gréé, nez au vent et prêt à prendre le large. S'arrêtant à une halte touristique, Henri découvre que l'on peut passer la nuit sur ces îles. Nous n'aurons bien sûr qu'une envie : celle de nous y diriger de ce pas. Le petit ferry qui navigue vers Isola dei Pescatori (l'île des Pêcheurs) et l'hôtel Verbano aux briques rougeâtres et aux volets vert sombre me ravit, mais la plus belle surprise c'est ce « bateau » imaginé plus tôt : Isola Bella (la Belle Île) située juste en face. L'île, entièrement embrassée par le palais Borromée, nous donne évidemment l'envie folle de la visiter. Nous nous sentons comme des enfants d'école en congé. On ne pouvait rêver décor plus fabuleux pour cette dernière nuit en territoire italien. Cette cour extérieure sous les arcades où nous prendrons notre repas, la chambre avec son balcon faisant face au château, illuminé de nuit, resteront gravées en moi comme la pierre angulaire et la somme de tous les plaisirs liés à ce voyage.

Le lendemain, à l'aube, vers 5 heures, le désir irrépressible d'aller voir le soleil se lever entre les montagnes de la Suisse m'arrache sans peine de mon douillet édredon. Prenant une couverture, je m'installe sur une chaise longue où, grisée par le parfum des camélias et des rosiers sauvages à l'odeur ravivée par la rosée, j'accueillerai les premières lueurs du jour. Immobile, alanguie, les yeux mi-clos et en parfaite quiétude, mon espace est soudainement envahi par une nuée de petits oiseaux fantasques, les mêmes sans doute qui, au repas de la veille, sont venus, sans peur aucune, voler quelques miettes de pain sur la nappe de la table où nous dînions. Et j'ai soudain souvenir des quelques tranches de pain (gardées pour parer sans doute à une telle éventualité) que je vais chercher dans ma chambre. Je n'aurai mis qu'une heure à apprivoiser cette horde de petits moineaux, une centaine environ, qui viendront manger directement dans ma main, me transformant en une version féminine de saint François d'Assise ! Dommage, ça ne m'est plus jamais arrivé par la suite.

L'homme se lève enfin. Nous déjeunons et tout de suite prenons la direction du quai pour voguer vers ce palais baroque où, me dit-on, les propriétaires, descendants d'une longue lignée de notables se sont réservé, question de passer l'été au frais, une cinquantaine de chambres au dernier étage du palais érigé par Charles III au XVIIe siècle. S'il est un château à visiter pour son charme vieillot et son architecture étonnante, c'est bien celui-là. En mettant pied à terre, je foule ce sol qu'un millier de pieds ont foulé avant moi, tandis que s'esquisse dans ma tête une histoire romanesque pleine de ces belles dames dont j'ai toujours envié les costumes. Mon âme résolument moderne, au point de se désespérer parfois de n'être pas née au siècle de la téléportation et autres commodités futuristes, reste malgré tout sensible au faste des atours du passé. Dans les faits, j'oscille entre le passé et le futur, séduite par l'un, attirée par l'autre, comme si le siècle présent n'était pas vraiment le mien ! J'imagine les fêtes anciennes et les représentations théâtrales qui ont dû se déployer en cette vaste entrée de marbre blanc. J'apprends que Napoléon, amoureux de sa Joséphine, serait venu en 1797 y cacher ses amours. Les pièces de l'étage se suivent en enfilade : salle de bal, salle du trône, salle des armes où se mêlent les bleus ciel, verts menthe, lilas romantiques, saumon et jaunes beurre frais et qui ont ceci de particulier qu'on peut y voir, ce qui n'est pas le cas dans plusieurs des châteaux que j'ai visités, du mobilier et des parures vestimentaires d'époque, de la vaisselle, des armes, des toiles gigantesques et une galerie de tapisseries. Mais les pièces les plus inusitées sont celles du sous-sol, créées, m'a-t-on dit, pour permettre aux habitants de ce temps de se réfugier dans la fraîcheur bienfaitrice de leur enfermement. À défaut d'air climatisé, on s'en remettait à l'ombre en prenant bien garde de fermer fenêtres et persiennes. L'effet est stupéfiant, et je dirais même… assez laid ! Il y a pourtant une certaine beauté dans cette surcharge, dans ces déclinaisons très ordonnées de gris et de beiges contrastants. Les murs et les plafonds, entièrement ornés de stalactites, de roches volcaniques et de coquillages en partie puisés dans les eaux du lac de Garde et collés dans un stuc baveux, offrent une antithèse saisissante à la beauté raffinée du rez-de-chaussée. Mais le coup d'œil vaut largement le déplacement et j'impute au fait de n'avoir jamais vu telle décoration de ne pouvoir apprécier, à sa juste valeur, ce qui au XVIIe siècle devait attirer par son audace et sa modernité de hauts cris d'admiration.

Mais, à bien y penser, ce n'est pas tout à fait juste, j'ai déjà vu quelque chose de semblable et j'en garde un souvenir « impérissable ». Il s'agissait du salon d'un appartement de duplex à Saint-Léonard dont le plafond, réalisé à grands frais, avait entièrement été recouvert de plâtre façonné en stalactites et saupoudré de paillettes multicolores. On aurait dit l'entrée d'une discothèque des années 1970 ! Une murale, représentant le port de Capri et réalisée dans des proportions discutables, occupait tout un mur. Le mobilier de salle à manger, attendu d'Italie pendant six mois, comportait un vaisselier en bois tourné et verni, si massif qu'on avait dû le démonter pour qu'il puisse passer par la porte, et qui avait ceci de particulier qu'entre ses pattes se dressait une ballerine tournoyant sur ses pointes, accompagnée d'un air de boîte à musique ancienne. Lorsque l'ambiance était au romantisme, on pouvait retourner la plaque qui servait de dosseret en miroir à la danseuse, et une espèce de cylindre tournoyant donnait l'impression de flammes rougeoyantes sorties d'un foyer actif mais sans chaleur ! Je ne sais trop si cette décoration aurait pris un autre aspect sous le soleil de l'Italie, mais déracinée et implantée au Québec, elle produisait un effet pour le moins... pittoresque.

Nous poursuivons notre visite du palais Borromée avec le parcours du parc travaillé à l'italienne, spectaculaire avec ses fontaines, ses statues de déesses brandissant le glaive et de guerriers sur leurs chars. Des paons immaculés se promènent près de nous sur les huit paliers entrelacés de sentiers de gravillons et d'escaliers de pierre taillée, faisant entendre leur cri strident, si peu conforme à leur grâce naturelle. Rosiers, hortensias, eucalyptus, lauriers, bassins de nénuphars, bougainvillées, buissons taillés en topiaires, palmiers et aloès se succèdent tandis que, sur les colonnades, se retrouvent encore une fois les incrustations de roches volcaniques et de coquillages, plus à leur place, me semble-t-il, près de l'eau que dans les sombres pièces du sous-sol.

Comme à l'habitude, nous visitons ensemble les nombreux recoins du palais et de ses jardins, mais chacun de son côté, chacun enfermé dans un plaisir intérieur que l'on veut garder pour soi jusqu'à ce qu'un détail, un moment de félicité visuelle doive obligatoirement être partagé avec l'autre, entre autres nos enthousiasmes respectifs pour le fer ouvragé.

Je me souviens du très sinistre musée de la torture (hé oui, ça existe!) en Toscane, où Henri m'avait entraînée, à la recherche d'un motif d'inspiration médiévale pour la grille de fer forgé de sa maison des îles Laval. Depuis lors m'est incombée la tâche de prendre en photo le moindre portail délicat, la moindre parure ornementée, le moindre volet ouvragé. J'eus la surprise au retour de constater que la majorité de mes photos représentaient des enchevêtrements et arabesques de fer forgé, tout ça pour plaire à mon compagnon. Et mon cerveau déballe soudain, comme d'un emboîtement de poupées russes, un souvenir d'enfance : celui de mon grand-père forgeron. Le père de ma mère gagnait en effet sa vie à imaginer et forger des balustrades. Il me demandait souvent, alors que je n'avais que dix ou onze ans, de lui inventer des dessins nouveaux pour enjoliver les balcons de son village. Je n'étais pas très habile, n'ayant pas développé à cet âge le concept du dessin selon lequel tout doit se toucher de partout pour tenir. Je dessinais plutôt des cercles et des carrés « dans le vide », sans les rattacher les uns aux autres. Mon grand-père m'enseigna alors ce qu'était la soudure. Une fois le dessin corrigé, j'allais à la fonderie voir les employés couler le fer en fusion dans des rigoles de sable mouillé enfermé dans des caissons où se dessinaient les sinuosités de mon esquisse, telles que je les avais imaginées. C'est fou ! À la vue d'un grillage ancien, voilà à nouveau mon enfance projetée dans le plaisir du moment.

Retour à la terre ferme, nous quittons le bleu inoubliable de ce lac fabuleux en pensant déjà au peu de temps qu'il nous reste. Dans quatre jours, en effet, nous reprendrons l'avion et, ces derniers jours, Henri veut les passer en France. La route est encore longue jusqu'à Nice et je suis étonnée lorsque Henri me demande, pour la première fois, de conduire. Il est fatigué. Dors, bel ange. J'aurai tout ce temps pour penser égoïstement à la chance que j'ai d'être là et, à ton réveil, je te raconterai tout ce que tu auras raté sur la route.

Retour vers la France

« … On a rangé les vacances,
Dans des valises en cartons,
Et c'est triste quand on pense à la saison,
Du soleil et des chansons »

La Madrague (Jean-Max Rivière, Brigitte Bardot)

Nous quitterons bientôt l'Italie, pays merveilleusement fou, fabuleusement attachant et dont la désinvolture éveille parfois en nous un brin de scepticisme. Car si son gouvernement reflète vraiment l'image de son peuple, ou tout au moins de croyances bien ancrées dans ses mœurs, on peut se permettre de se poser quelques questions qui font hausser les sourcils ! Car, dites-moi, où ailleurs sur terre existe-t-il un pays si résolument catholique qui, malgré tout, trouve tout à fait normal d'élire au parlement une Hongroise d'origine, au passé d'effeuilleuse ? Tous connaissent là-bas la Cicciolina, de son vrai nom Ilona Anna Staller, qui, avant de se porter candidate du Parti radical italien, donnait partout au monde un spectacle dans lequel, à demi nue et les jambes ouvertes, elle invitait les spectateurs en bordure de scène à lui examiner le sexe avec une lampe de poche ? Authentique. Il y a quelques années, je l'ai interviewée à Montréal lors de l'un de ses spectacles.

Récemment, un autre membre du parlement italien a fait la une des journaux dans le plus simple appareil : Mara Carfagna. Faut-il s'étonner qu'elle fasse partie de l'équipe de l'actuel dirigeant en poste ? Quant à lui, où ailleurs qu'en Italie verrez-vous un premier ministre, Berlusconi pour ne pas le nommer, se faire accuser de corruption devant les tribunaux, se voir condamner, se présenter une nouvelle fois aux élections, puis, aussitôt réélu, faire voter et légitimer une loi dépénalisant le crime de falsification de bilan ? Cette loi a été abrogée depuis, et les inévitables procès que ce retour en justice lui a occasionnés ont fait déclarer à Berlusconi qu'il était « dans l'absolu la personne la plus persécutée par la magistrature de tous les temps et de toute l'histoire des hommes dans le monde entier ». Rien de moins. C'est sans parler de ses récents déboires conjugaux : sa femme réclame en effet le divorce depuis qu'on l'a surpris couvrant une jeune fille de dix-huit ans d'attentions « intéressées ». Le public italien accompagne tout ça de « oh ! » et de « ah ! » dubitatifs, car il n'y a qu'en Italie qu'on trouve ce genre de tolérance aux écarts les plus singuliers, où l'on décrète, sourire aux lèvres, que c'est au moins fait avec élégance. En 2009, un sondage confirmait que s'il se présentait à nouveau aux élections, Berlusconi obtiendrait 62 % des voix. Sacré Silvio, va !

Berlusconi, la Cicciolina, Lobsang Rampa, Trudeau, Lévesque, Parizeau, Huntington Hartford et même Michèle Richard, mes amis, mes amours, mes amants… et toi, Henri. Tant et tant de gens ont formé mon univers.

Étrange destin de nous tous, s'il en est. Est-ce une question de mérite ? De hasard ? D'évolution, d'intelligence, de chance ou de malchance ? Là encore, où est le mètre-étalon, la barre zéro, celle qui délimite, hors des contextes érigés par les conditions sociales et les privilèges, ce qui régit le destin ? Il faut forcément conclure que nous sommes tous nés avec une destinée unique, avec nos forces, nos faiblesses et le sort qui va avec. Personne ne peut s'y soustraire ! Magnifique microcosme qui donne une raison à tout ce qu'on a à vivre, jusqu'à la mort. Et où en sommes-nous, mon bel Henri ?

Je réfléchissais à tout ça durant ces longues heures de voyage auprès de lui. Alors que nous devisions sans limite sur des détails anodins, nous gardions chacun pour soi nos pensées profondes, sans jamais soulever la moindre question qui puisse nous mener à une conversation possiblement morose. Nous avons célébré la vie à chaque détour de cette splendide Italie et nous avons goûté, dans une communion rare, chacun des moments passés ensemble. Et j'ai découvert comment, finalement, l'amitié passe si facilement par-dessus les travers des êtres prodigues, car si Henri peut parfois être tatillon, tout comme moi d'ailleurs, c'est aussi un être généreux. Généreux de ses avoirs, de sa présence, de son cœur. Il est aussi curieux, appliqué, amoureux de tout… et fidèle à notre amitié. Cela dit très égoïstement, puisque j'en profite chaque seconde. Nous n'aurons pas davantage discuté des raisons de cette fidélité, comme si elles étaient tellement évidentes qu'il ne valait même pas la peine d'en parler. Je crois, au fond, qu'il aime ma marginalité. Je l'ai toujours senti ravi, chaque fois qu'il m'a consultée sur un quelconque problème, de constater que je pouvais toujours lui trouver une solution originale, différente de celle qu'il voulait appliquer au départ. Il ne s'est jamais douté que seul mon attachement pour lui me dicte ces réponses.

Quel cadeau du ciel et quelle calamité en même temps que l'existence marginale ! Je n'y peux rien, ça me rattrape chaque fois. On dirait que je suis née pour connaître les aventures les plus étonnantes. Rien n'est jamais simple dans ma vie. Toutes mes initiatives, même les plus banales, ont souvent des conséquences inusitées. Ne serait-ce que celle de me retrouver en Italie avec un ex et de réapprendre le plaisir de la vie avec celui qui a failli perdre la sienne.

Mais tout a une raison et je crois fermement à l'idée des six degrés de séparation : si l'on considère que toute personne est à une distance d'un pas (ou d'un degré) de chaque personne qu'elle connaît et, par conséquent, de deux pas de chaque personne connue par celle-ci, tout être sur terre est au plus à six pas de tous les autres. En somme, en remontant de six personnes les rencontres de chaque individu, nous sommes assurés d'avoir un lien avec la première personne dont nous avons serré la main au début de la chaîne.

Au début de ce livre, de même que dans mon autobiographie, écrite il y a cinq ans maintenant, je m'attardais un peu plus à relater mon aventure avec Serge « l'Indien ». J'y racontais qu'en ce temps-là, souvent écorchée par les journaux, j'avais appris à ne plus paraître en public avec mes amoureux mais, dans le cas de Serge, dont j'étais éprise à la folie, j'avais consenti à me faire photographier avec lui tant j'en étais fière.

Vedettariat oblige, les médias commentèrent avec passion chacune de nos sorties – c'était dans les années 1980 – et s'interrogèrent avec non moins de passion, le moment venu, sur les raisons de notre rupture, ce qui leur procura un nombre intéressant de reportages sur la chose. Puis on n'en parla plus. Près de cinq ans s'écoulèrent après notre séparation, jusqu'à ce que Serge décède dans un accident de voiture. Je mis longtemps à m'en remettre, sans jamais oublier, car le cœur apprivoise jusqu'au plus profond chagrin mais jamais n'enterre les souvenirs.

Faisons maintenant un saut de plus de vingt ans en arrière.

Dernièrement, je recevais du Texas une lettre d'une jeune femme d'origine québécoise, dans laquelle elle me racontait l'histoire d'une partie de sa vie. Adoptée à un très bas âge par un couple québécois, elle avait décidé de ne faire aucune recherche sur ses véritables parents, décision qui changea à la mort de ses parents adoptifs. Après de longues enquêtes auprès de différents organismes, elle finit par retrouver sa mère biologique dans la ville de Québec. Atteinte d'une maladie grave qui allait l'emporter, cette femme sans grande générosité, refusa de lui fournir des renseignements sur l'identité de son véritable père et lui fit promettre de ne pas chercher à l'identifier. Mais se retrouvant seule, sans frère et sœur, au décès de cette dernière, elle voulut en savoir davantage sur celui dont elle avait appris, seule concession accordée par sa mère, qu'il était amérindien. Ses tantes ne purent lui donner davantage de précisions mais lui rendirent les rares souvenirs ayant appartenu à sa mère. C'est en consultant ces quelques reliques –

carnets, papiers et photos – qu'elle aperçut parmi elles une photo qui aurait pu être celle de ce père, si mystérieusement intouchable. Il s'agissait d'une photo, issue d'un reportage journalistique, et me représentant, moi, en compagnie d'un Amérindien !

Elle avait enfin trouvé une personne qui pourrait éventuellement lui donner des détails sur son passé. Mais comment rejoint-on Danielle Ouimet, probablement retranchée derrière un barrage visant à protéger sa vie privée ? Elle alla d'abord faire quelques recherches sur Internet et la première image qui s'imposa à elle fut celle d'une publicité pour la sortie de mon livre. Elle fit venir le bouquin (*Si c'était à refaire*, Éditions Publistar) au Texas et elle apprit, à la lecture des 500 pages du livre qu'elle termina en deux jours, me dit-elle, une foule de détails sur la vie de son père présumé. Intriguée, comme une enfant longtemps privée d'une partie d'elle-même, elle envoya une lettre à la maison d'édition, libellée à mon intention. C'est cette lettre qui me mit en contact avec elle. Elle ne demandait qu'une rencontre pour que je lui parle de son père... ou de celui qu'elle espérait être son père. Dans les méandres de recherches que je fis par la suite pour retrouver, parmi les anciens amis de Serge, les noms de quelques amoureuses délaissées, j'ai cru comprendre que tout concordait à identifier cet homme comme étant le véritable père de Sylvie (prénommée Barbara à sa naissance, en l'honneur de la chanteuse française que Serge vénérait). J'expliquai dès lors à Sylvie qu'elle avait plusieurs demi-frères et demi-sœurs issus de femmes différentes que Serge avait aimées et que je pourrais sans doute, si elle le désirait, joindre sa première épouse, que j'avais rencontrée du temps de mes fréquentations avec Serge. Je menai donc une enquête longue et ardue et, au terme de quelques années sans nouvelles, je réussis à joindre Henriette à Québec et lui fis la surprise d'un appel. Bien qu'Henriette ait soupçonné la vie parfois débridée de son homme, elle n'était pas nécessairement prête à accepter qu'il existe une nouvelle fille issue des amours de son ex, une fille qui avait l'âge de sa propre fille, ce qui mettait à rude épreuve la croyance longtemps soutenue d'une union unique et fidèle, au moins durant les premières années de leur mariage. Elle accepta cependant d'en avertir ses deux enfants, puis de rencontrer cette fille sortie du néant. Je me retrouvai donc à Québec, par une belle journée de printemps, devant l'ex-femme de Serge, sa fille Nathalie, née du premier et seul mariage de Serge, et Sylvie venue du Texas pour l'occasion. Comme le fils de Serge habitait en Colombie-Britannique, on ne put le rencontrer tout de suite. Dire que la rencontre fut une explosion de joie serait… une exagération, mais j'ai aimé la façon dont tout le monde a su, correctement, voguer sans se heurter et sans juger à travers cette étrange aventure, admettant que la vie et les événements viennent changer leurs convictions et croyances quant aux êtres qui leur avaient été chers. Quelques mois plus tard, j'organisai une seconde rencontre réunissant tous les enfants que Serge avait eus de différentes femmes, en me demandant par quel procédé « ésotérique » j'avais été élue pour cette tâche. Je ne doute aucunement du fait que Serge aurait adoré me voir ainsi m'occuper de sa mémoire.

Sans Edmond, je n'aurais pas rencontré Henri. Sans Serge, je n'aurais pas quitté Henri. Sans mon amour démesuré pour Serge, je n'aurais pas raconté notre vie dans un livre et, sans ce livre, Sylvie ne saurait peut-être rien de son père.

Ainsi vont les jeux du hasard !

On passe à nouveau la frontière et mon ami veut se rendre jusqu'à Cannes et y passer quelques jours. Alors, va pour Cannes !

Comment dire... Même si c'est la Côte, même si c'est si près, c'est tout de même différent. Et ce n'est pas la langue qui nous dépayse de la sorte puisque le français forcément domine, mais une polyphonie harmonieuse se retrouve à chaque détour mêlant à nouveau l'italien, l'anglais, l'espagnol et l'arabe. Et plus surprenant encore, quand Henri et moi utilisons entre nous notre « parlure » québécoise, j'entendrai souvent les serveurs et vendeurs nous demander si nous ne sommes pas allemands !

À Cannes, nous trouverons, cachée sous les marronniers, une pension des plus invitantes avec sa façade de crépi crème et ocre, envahie de vigne vierge. Après un dîner pris dans une brasserie en bordure de mer, je laisse Henri vaquer à ses occupations et me mets en mode solo le temps d'un après-midi. Je ressens le besoin de me retrouver seule et de pouvoir fureter aux devantures des magasins sans devoir partager mon temps avec qui que ce soit. Sans avoir besoin de le lui demander, je sens qu'il en va de même pour Henri.

Le soir venu, il réclame à nouveau une visite au casino. Après avoir englouti quelques centaines de dollars dans les machines à sous, il désire s'amuser davantage et propose la discothèque. Or, s'il est un genre d'établissement aux plaisirs duquel je suis profondément hermétique, c'est bien celui-là. Tout dans l'attitude d'Henri sent le surplus de testostérone qui soudain cherche un ersatz à son manque amoureux. Est-ce une question de loin des yeux... loin des convenances, ou l'appel impulsif d'un appétit purement physique auquel il doit répondre pour contrebalancer la stérilité de ses appels – amoureux sans doute, mais peu satisfaisants – de fin de soirée, quand il s'isole pour parler « outre-mer » à sa douce ? Une tricherie juste avant le retour... ça serait dommage quand même. Mais qui suis-je pour juger de ces passades ? Je fermerais les yeux, comme à l'habitude, ayant appris lors de nombreuses conversations entre hommes – au cours desquelles ils me considéraient comme l'un des leurs – que les passions éphémères ne sont jamais à prendre au sérieux. Il n'y a que la récidive avec la même femme, m'a-t-on expliqué, qui est dangereuse. Je le répète, car je l'ai déjà dit souvent, je n'ai jamais rencontré de ma vie un homme totalement fidèle. Jamais. Il en existe, c'est certain, qui, à la fin de leur vie, se vanteront de cette particularité mais je soupçonne qu'ils le soient devenus avec le temps. J'en ai même rencontré un qui récemment me disait : « Moi, je suis ce nono-là ! » Mais, en associant les mots « nono » et « fidélité », ne parle-t-on pas de regrets ? Il aurait bien voulu, mais il n'a pas eu le courage de passer à l'acte. Et lorsque je demande à l'un de ces confidents-prétendants, soi-disant fidèle, si c'est par amour qu'il se complaît dans l'exclusivité amoureuse, jamais il ne me répond que c'est le cas. Orgueil, fierté de mâle se retenant d'avouer ce qui risquerait de ressembler à de la soumission ? Délinquance inassouvie ? Je pourrais m'attendre à des réponses comme : « Je le fais par respect, ou par convenance. » Ou bien, plus lucidement, « Avec le temps, j'ai perdu la manière de flirter », à moins que ce ne soit pour la pire et la plus triviale des raisons : « Me faire prendre me coûterait trop cher. » Il y a aussi l'éternel « par habitude » qui revient souvent, comme si la paresse amoureuse était le moyen de faire taire le besoin de passion... mais rarement on m'a répondu qu'on était fidèle « par amour ».

Si j'ai fait ce long détour pour vous parler de la fidélité et de son contraire, c'est que ce voyage m'a menée à réfléchir sur l'importance de l'amour et de l'amitié, tous deux à mon avis de force et d'importance égales, et sur les éléments en jeu venant faire et défaire amours et amitiés.

À un âge où rien n'était plus important à mes yeux que la fidélité, j'ai quitté Edmond car il m'avait été infidèle. Puis je le fus avec Henri, et l'Indien prit la relève en me trompant à son tour et en faisant des enfants un peu partout. Imbécile et divine jeunesse... Quant à Henri, si sage depuis notre départ... eh bien, je sens qu'il aimerait ce soir s'encanailler un peu et je préférerais le laisser faire ça tout seul. Je n'ai aucune envie de le suivre et de l'observer en train de baratiner les « brebis » désireuses de succomber avec plaisir au grand méchant loup. J'imagine déjà les dix minutes pleines d'étincelles dans les yeux, les numéros de téléphone échangés dans l'espoir d'une nouvelle rencontre... qui ne viendra jamais, et un verre devant lequel on ânonnera toutes les phrases creuses de la séduction. Non, vraiment, je préfère de loin aller lire au lit, douillettement installée, seule, la tête entre les oreillers de plume, face aux grandes fenêtres donnant sur la mer. Dans un demi-sommeil, je l'entendrai rentrer vers 3 heures du matin, la tête lourde de trop d'alcool, mais le cœur léger d'avoir pu encore plaire à quelques jeunesses égarées.

« J'ai eu du *fun,* mais il ne s'est rien passé », me dira-t-il comme s'il fallait me rassurer. M'enfin, je ne suis pas sa mère! Ni son amoureuse ni sa femme. Il passerait ses aventures sous silence, de peur de paraître peu sérieux alors que je le sais si amoureux? Les remords se cachent parfois à de biens drôles d'endroits dans la tête des hommes. D'autant plus qu'avec l'âge j'ai appris à ne pas juger leurs « petits coups de couteau dans le contrat », sachant qu'il ne s'agit que de fredaines passagères. Certainement que j'aurais encore quelques larmes à verser si ça venait qu'à m'arriver mais, à mon âge, le cynisme prend plus de place et aide à sécher les larmes. Après tout, qui aime se faire comparer? Tout tient à cela finalement: suis-je trop vieille, trop laide, trop grosse, trop déplaisante? Alors que souvent la raison est bien plus simple. C'est qu'au moment de la tentation on n'est tout simplement « pas là », ni dans la tête ni dans le cœur de l'infidèle où l'on retournera rapidement si l'amour existe. Je me souviens avec délectation de cette remarque de la femme de Jean-Pierre Coallier, phrase que ce dernier me relata un jour de grande confidence. Au premier jour de leur mariage, elle lui aurait dit pour le mettre en garde contre une éventuelle trahison: « Rappelle-toi que le jour où tu me tromperas… je t'aurai trompé la veille! »

Le voyage, on le sent, est pratiquement derrière nous. À cet homme qui, en contrepartie de mon attention, m'a gratifiée d'une tendresse infinie, je réserve une surprise agréable en cette dernière journée, avant de prendre la route pour Lyon où l'on doit rejoindre l'avion du retour. Mystérieuse, sans rien dévoiler, je demande à Henri d'enfiler ses plus beaux atours. Le soir venu, je le dirige vers la large rade qui plonge loin dans la mer devant le Carlton et sur laquelle s'étale un spectacle grandiose. On y a installé une cinquantaine de tables, toutes de blanc parées et surmontées de grands candélabres ornementés de fleurs du pays. Le menu que l'on nous tend, après que nous avons pris place, nous laisse pantois tant tout semble sorti de la cuisine des dieux. Le tout est servi, avec grand apparat, par des garçons en livrée. À 22 heures pile, dans une pénombre ravissante, éclatent en mille bulles légères les feux préparés par les artificiers venus d'Espagne, à l'occasion d'une compétition entre pays. Peut-on rêver spectacle plus enchanteur ? Et je suppose que s'ajoute au bonheur du moment l'anticipation pour Henri de retrouver sa douce.

Ranger les souvenirs, tant dans nos cœurs que dans les valises, tient de l'exploit : tout déborde. Et je déborde moi aussi d'une passion amicale pour cet homme qui m'a prodigué une tendresse sans faille, sans les exigences des besoins amoureux. Juste la douceur de sa présence. Pas de mots inutiles, pas de sentiments déformés, aucune attente de gestes d'affection. Qu'une symbiose d'affection enveloppante qui se passe de gestes. Je sais qu'on pourra tout se dire dorénavant, réservant quelques pudeurs pour l'amoureuse plutôt que pour l'amie. Ce sont des sentiments qui s'expliquent mal mais qui se sont vécus en toute plénitude, au fur et à mesure que le voyage venait souder et fondre, en une grande complicité, ce en quoi Henri et moi nous nous ressemblons.

La route vers Lyon est à la fois légère et triste. Légère de l'idée du retour, puisque rentrer chez soi et retrouver les repères, les amis, le coin de vie délaissés pour quelque temps est toujours agréable. Et triste… triste pour rien. Par nature. Parce que l'agréable nouveauté tire à sa fin. Parce que l'ami encore si proche, demain sera déjà loin. Parce que de réinventer le quotidien, dans de nouveaux décors et sans ces balises qui viennent me protéger dans mes habitudes, m'excite de plus en plus avec l'âge, alors que j'aurais cru que ce serait le contraire. Aventureuse je suis, aventureuse je reste.

Arrivée à Lyon, je communique avec l'ex-femme du père de mon fils, celle qui l'a élevé dès l'âge de sept ans. Remariée, elle m'accueille dans cette ville où elle habite dorénavant avec ce nouvel homme qui me semble si amoureux d'elle que j'en suis presque jalouse. Pas d'elle évidemment, mais du sentiment. J'ai toujours adoré Sheena car, succédant à sa belle-mère, qui est aussi la grand-mère de mon fils, elle a pris le relais comme si mon enfant était le sien, lui inculquant ses plus belles valeurs et lui garantissant une vie familiale auprès d'un frère et d'une sœur. Elle en a fait un adulte équilibré, ce que je n'aurais jamais su faire moi-même.

Grâce à eux, nous prendrons un dernier repas à la brasserie Le Sud, dirigée par Paul Bocuse qui a eu cette merveilleuse idée de regrouper en quatre restaurants différents la cuisine propre aux quatre régions de France. On y savoure une cuisine délicieuse.

Le lendemain, le retour vers l'aéroport se fera en silence. Qu'y a-t-il à ajouter ? Que le quotidien, la normalité nous rattrapent ? Que Henri, maintenant qu'il a acquis, après de nombreuses déceptions, une nouvelle maturité sentimentale, maintenant que le sourire d'une seule femme l'a assagi, pourra enfin vivre plus normalement sa vie amoureuse, autrement qu'avec l'attache, le cordon ombilical téléphonique qui lui a permis de nourrir, chaque soir, ses fantasmes jusqu'au retour. Il ne m'en glissera pas mot. Mais je sais... je sens...

Grâce au confort douillet des fauteuils de première classe, nous rentrons à Montréal à peine courbaturés par le voyage. Nous longeons les corridors, conscients que ces moments magiques sont désormais en nous et nulle part ailleurs. J'ai presque hâte de le voir sourire à la vue de cette femme dont il m'a parlé presque tous les soirs, anticipant tendresse et chaleur au creux de bras qui se sont ennuyés. Elle est là, au bout du corridor, les portes s'ouvrent. Henri fixe des yeux sa bien-aimée, sourit, presse le pas, l'enlace, l'embrasse... mais... mais...

Mais enfin... c'est qui, celle-là ?

Ce n'est pas la même que celle qui nous a laissés sur le quai de l'aéroport quinze jours plus tôt !

Médusée, je regarde mon camarade. Son regard soutenu, avec au coin de l'œil un sourire malicieux, ne m'en apprendra pas plus. Il pose sur ma joue un baiser plus insistant que de coutume, ce qui lui permet de me glisser à l'oreille : « Je t'expliquerai plus tard. »

Et je réalise que je ne comprends toujours rien à la vie !

Sacré Henri, va ! Je t'aime.

Table des matières

Prologue 9
Le départ 11
Santa Margherita 35
La Toscane 59
Carrare 87
Les Cinque Terre 99
Florence 115
Vérone 169
Pise 183
Venise 209
Le lac de Garde et le lac Majeur 239
Retour vers la France 255

Pour écrire à Danielle Ouimet :
danielle@ouimet.com

Cet ouvrage a été composé en ITC Berkeley Oldstyle Std 13/15,75
et achevé d'imprimer en mars 2010 sur les presses de
Marquis imprimeur, Québec, Canada.

certifié   procédé   100% post-   archives   énergie
        sans chlore consommation permanentes biogaz

Imprimé sur du papier 100% postconsommation,
traité sans chlore, accrédité Éco-Logo et fait à partir de biogaz.